アメリカはなぜヒトラーを必要としたのか

菅原 出 Izuru Sugawara

草思社

アメリカはなぜヒトラーを必要としたのか　目次

第4章 親ナチス派と反ナチス派の暗闘 112

序章

独裁者を支えたアメリカのエリートたち

アメリカに中央情報機関が置かれ、世界の隅々にまでスパイのネットワークが張りめぐらされる以前、そのスパイたちの役割を肩代わりしていたのは、民間の石油企業や投資銀行、それに法律事務所などのエリートたちであった。アメリカは真珠湾で日本軍による攻撃を受けて第二次世界大戦に参戦するわずか半年前に、中央情報局（ＣＩＡ）の原型にあたる情報調整局（ＣＯＩ）を設置したが、それまではスタンダード石油やブラウン・ブラザース・ハリマン商会、それにサリバン＆クロムウェル法律事務所などの役員を務めるエリートたちが、国際政治の舞台裏で暗躍し、アメリカの対外政策に大きな影響を及ぼしていた。

こうした財界のエリートたちは、政界、官界の上層部に広範な人脈を築き、アメリカ政府の政策に影響を与えうるいくつものチャンネルを持っていた。彼らはこうしたチャンネルを通じて国務省やホワイトハウスに働きかけ、時に外交官に成り代わって秘密外交を展開した。そしてこうしたアメリカの支配者層、超エリート集団の中から合衆国の国務長官や大統領が生まれていったのである。

このようなアメリカのエスタブリッシュメントたちは、第二次世界大戦期から今日にいたる国際社会の舞台裏で、いったいどのような役割を演じ、またアメリカの対外政策にどのような影響を与えてきたのだろうか？　これはそのようなエスタブリッシュメントの中で、第二次世界大戦期にナチス・ドイツと異常なまでに親密な関係を築いたあるエリート集団に関する物語である。アメリカには、共産主義の台頭に尋常ならざる危機感を抱き、この「赤」の脅威に対抗するために、ヨーロッパ大陸で生まれつつあったファシズムに共鳴する一群のエリートが存在した。このエリート集団の存在は、アメリカ合衆国の対欧州政策に大きな影響を与え、ナチス・ドイツという強力なファシズム国家の誕生を可能にした。このファシズム国家はヨーロッパ大陸を戦争へと導くが、アメリカのエリート集団はこの戦争が終わると、今度はソ連という共産主義国家の脅威を煽り、冷戦という特殊な状況を作り出していった。この冷戦時代にアメリカのエリートたちは、世界各地でさまざまな反ソ秘密活動を行ない、そのたびに国際社会に大きな歪みと矛盾を生み出していったのであった。

本書はそんなアメリカの政治・経済・諜報のエリートたちを主役にした、アメリカ外交の裏面史である。アメリカは第一次世界大戦後なぜドイツの復興を助けたのか？　アメリカ企業はどのようにしてナチス・ドイツの再軍備に協力したのか？　アメリカはなぜドイツとの戦争を望まなかったのか？　イギリスはいかにしてアメリカを第二次世界大戦に引き込んだのか？　大戦中アメリカのエリートたちはナチス・ドイツとどのような関係を保っていたのか？　大戦後、アメリカはなぜ再びドイツの復興を支援したのか？　アメリカのエリートたちはなぜナチスの科学者や元高官たちを自国に連れていったのか？　アメリカはいかにして世界中で秘密工作を行ない、冷戦を激化させたのか？　アメリカはなぜ過激派や麻薬マフィアと手を結んだのか？　イスラム過激派はなぜアメリカにテロを行なうようになったのか？

これらの問いに対する答えは、国際政治の舞台裏で暗躍し、アメリカの対外政策に大きな影響を与えてきたエリートたちの思想と行動の中に隠されている。以下の各章が、そのエリートたちの知られざる歴史に光を当てる。

第1章　ドイツを軍事大国にしたアメリカ企業

アドルフ・ヒトラーが政権の座に就いてからすでに三年半という歳月が過ぎた一九三六年十月十九日、当時駐独アメリカ大使を務めていたウィリアム・ドットからルーズベルト大統領に宛てて、一通の書簡が送られている。

「現在百社を超えるアメリカ企業がここに子会社を構え、ドイツと友好的な関係を築いています。デュポン社はドイツに三社の提携企業がありますが、この三社はいずれもドイツの兵器ビジネスに携わっています。その筆頭はIG《イーゲー》ファルベン社で、このドイツ政府の一端を担う企業は、年間二十万マルクもの資金を、アメリカの世論を操作するためのプロパガンダ会社に注ぎ込んでいます……。スタンダード石油（ニューヨーク）は一九三三年十二月に二百万ドルをドイツに送金し、ドイツが戦争のために必要とするガス生産のために年間五十万ドルの支援をしています……。インターナショナル・ハーベスター社の社長は私に彼らの売上が年間に三十三パーセントも上昇している、と語りましたが、私はそれが兵器生産によるものだと信じております……。ゼネラル・モーターズ社とフォード社はドイツ子会社を通じて莫大な事業を展開しています……。私がこれらの事実について触れているのは、これらのアメリカ企業が事を複雑にし、戦争の危険を増大させていると考えるからであります」

実際ドット大使のこの懸念は数年後に現実のものとなり、世界は大戦争の波に飲み込まれた。この第二次世界大戦に関しては、これまで膨大な量の論文や本が出版され、ドキュメンタリーや映画が製作されてきた。が、ドット大使がこの書簡で伝えたエッセンス、「アメリカ企業が戦争の危険を増大させている」という指摘は、十分に検証されることなく今日にいたっている。この戦争の責任はもっぱらヒトラーやナチス指導部にのみ帰せられ、「ドイツの兵器ビジネスに携わり」、「戦争の危険を増大」させたアメリカ企業の実態について、包括的な研究がなされることはなかった。

このドット大使の指摘が事実だとすると、ヒトラーの再軍備の背景には、歴史の表面には現われない何かもっと大きく複雑なからくりがあったにちがいない。アメリカは本当にヒトラーを支援したのだろうか。だとすると、なぜ、いかなる目的でドイツを支援し、ヒトラーの再軍備計画に関わっていったのだろうか。この知られざる米独関係の深層を見極めるために、われわれは一九二〇年代まで歴史をさかのぼらなければならない。この時代にあの戦争の種がまかれていたからである。

第二次世界大戦にいたる欧米の歴史をひもといてみると、一つの素朴な疑問に突き当たる。第一次世界大戦で完膚《かんぷ》無きまでに敗れ、壊滅的な打撃を受けたはずのドイツが、なぜわずか十数年の間にヨーロッパを席捲するほどの軍事大国になりえたのか、という疑問である。

第一次世界大戦は人類史上未曾有《みぞう》の惨禍をもたらし、物的・人的資源の損害はすさまじいものであった。とりわけ敗戦国ドイツの状況は惨憺たるもので、戦争による物理的損害に加え、ヴェルサイユ条約という「ドイツを二度と立ち上がれないようにするための」条約に調印することを余儀なくされ、その結果ドイツは、人口の十パーセントを失い、戦前の領地の十三・五パーセントとすべての植民地を取り上げられた。また農耕地の十五パーセントと鉄鉱石の鉱床の実に七十五パーセントを失った。ドイツの銑鉄生産能力は戦前の四十四パーセント、鉄鋼生産に関しては、戦前の三十八パーセントのレベルにまで落ち込み、インフレは途方もないレベルに達した。当時ドイツ人たちは、たった一塊のパンを買うために、平価を切り下げられたマルク紙幣を一輪車にいっぱいつめて運んだという。さらにドイツは、およそ三百三十億ドルという敗戦国としてはとうてい負担しえないほど巨額の賠償金を、フランスやイギリス等の戦勝国に支払うことを義務付けられたのである。このようなドイツが、いったいどのようにして経済復興を成し遂げ、再軍備を達成することができたのだろうか？

アメリカ主導のドイツ復興プロジェクト

第一次世界大戦により打撃を受けたドイツ経済の再生を、まるでわがことのように考える国が、ドイツの他にもう一国存在した。他ならぬアメリカ合衆国である。アメリカはもともとドイツに対して過酷な賠償負担を強いて、ヨーロッパの中心に位置するこの大国を弱体化させることに反対だった。ドイツが政治的・経済的に不安定になることで、世界の政治や経済の安定が脅かされることを懸念したためである。第一次世界大戦中、アメリカはその資本、産業、余剰農産物の大部分をヨーロッパ大陸に輸出していた。ヨーロッパ市場は成長いちじるしい新興国家アメリカにとって大事なお客さんだった。しかし第一次世界大戦後にヨーロッパ大陸を襲ったインフレの波は、アメリカの輸出を脅かし、とりわけドイツの不況がヨーロッパ経済全体の足を引っ張り、間接的にアメリカ経済にも影響を及ぼすようになっていた。

当時アメリカ最大の銀行だったJ・P・モルガン商会の共同経営者トマス・ラモントは、「アメリカはヨーロッパの復興に乗り出さなくてはならない。ヨーロッパはアメリカ最大のお客さんであり、アメリカ産の穀物、綿花、銅やその他の一次産品を購入してくれる最大の顧客なのだ。われわれが自国の産業と商業活動を回復させ、かつての繁栄を取り戻そうとするならば、ヨーロッパの復興のために力を注がなければならない」と述べ、当時のアメリカ政財界エスタブリッシュメントの意見を代弁している。ヨーロッパは世界経済の中心であり、そのヨーロッパの中心がドイツであった。そこでアメリカのエリートたちは、ドイツ経済の安定を取り戻すことがアメリカの国益に見合うものと考えたのである。

また共産主義の脅威も、アメリカのドイツ政策に影響を与えた一因であった。ロシアを共産化したボルシェビズムの猛威は、第一次世界大戦後社会的に荒廃したドイツに吹き荒れていた。共産主義のヨーロッパへの拡大を、アメリカ政財界のエリートたちが望まなかったのは言うまでもない。アメリカはヨーロッパを共産主義の脅威から救うためにも、ドイツを経済的・社会的困窮から救わなければならなかったのである。

つまりアメリカは理想主義的な考えからではなく、「自国の国益のため」にヨーロッパ、とりわけドイツの安定を望んだのである。しかしそのドイツは、戦勝国から課された天文学的数字の賠償金に押しつぶされ、瀕死の状況に陥っていた。そこでこの賠償金問題をどう解決するかが、ヨーロッパ経済全体、ひいてはアメリカ経済にとって死活問題となっていたのである。

このドイツ賠償金問題の解決に乗り出したのは、アメリカの民間の銀行家たちだった。一九二四年はじめ、アメリカはドイツ復興のための会議開催を世界に呼びかけ、各国金融問題のエキスパートを集めた国際会議を開催した。シカゴの銀行家チャールズ・ドーズが議長を務めたことから、この会議は「ドーズ会議」と呼ばれるようになる。ドーズは名高い銀行家であり、第一次世界大戦中は陸軍大将を務め、この国際会議が開催された当時はイギリス駐在のアメリカ大使であった。そしてこの会議を成功させてノーベル平和賞を受賞し、アメリカ合衆国の副大統領にまで昇りつめた多才の人である。ドーズ会議のアメリカ代表は、ドーズの他は、ゼネラル・エレクトリック社の会長オーウェン・ヤングやロスアンゼルスの銀行家ヘンリー・ロビンソンなどアメリカ財界の大物ばかりであった。国家間の関係を決める重要な国際会議を、民間の銀行家がとりしきっている点が興味深い。アメリカの国益を民間の銀行家が代表しているのである。ドーズは会議に出発する前、クーリッジ米大統領に何か指示があるかどうかたずねたという。すると大統領はたった一言、「そうだなぁ、自分がアメリカ人であることを忘れないことだな」と語ったという。

このドーズ会議の目的は、ドイツの賠償支払い能力を決定して、ドイツ経済回復の手だてを見つけることであった。同会議では、議長ドーズの名にちなんで、ドーズ案が採択された。ドーズ案では、賠償総額そのものには触れず、ドイツの五カ年間の年次支払い額をドイツの支払い能力に応じたものに軽減することが決められた。また、支払いが滞りなく行なわれるのを監視し、ドイツ通貨の安定を監督するため、「監督総代表」と呼ばれる外国人による監督機関が設置され、アメリカ人のパーカー・ギルバートがその総代表に選ばれた。支払い負担の軽減と引き換えに、債権国は担保としてビールやタバコなどからあがるドイツ政府の税収を第一抵当としてとり、またドイツ鉄道は外国人の役員の受け入れを余儀なくされ、ドイツ中央銀行も監査委員会の半数を外国人に明け渡すことに合意させられた。ドイツ経済は早い話、アメリカ金融資本を中心とする外国の管理下に置かれたのである。この状況は後に、ヒトラーに絶好の攻撃材料を与えることになる。

ドイツにドーズ案を受け入れさせた決定的な要素は、一九二三年にフランスとベルギーに占領されていたドイツ最大の鉄・石炭の産地ルールを返還する約束が得られたことと、ニューヨークとヨーロッパ各国で大規模な公債発行の見通しがついたことであった。一九二四年四月、ドイツ政府はドーズ案の受け入れに合意し、同時にJ・P・モルガンが主幹事となって、ニューヨーク、ロンドンをはじめヨーロッパ各国の首都でドイツ債が発行された。総額一億一千万ドルのニューヨーク引き受け分は熱狂的に受け入れられ、申し込みが募集額を上回るほどであった。

ドーズ案は、ドイツ経済にある程度の安定をもたらし、翌年一月にドイツは関税自主権も取り戻した。外国の管理下に入り、巨額の賠償負担を抱えつつも、とりあえずは国際経済への復帰を果たした。だがこの安定を持続させ、賠償支払いも継続させ、さらにドイツ経済を回復させるには、さらなる資本の投下が必要であった。クーリッジ大統領は、ドーズ会議の成功を賞賛し、アメリカの投資家に対し、必要な融資に積極的に参加するよう呼びかけた。「この投資は、われわれの貿易と商業にとって有益だ。とりわけ、われわれの農業製品に広大なマーケットを提供してくれる」と大統領みずからドイツへの投資の必要性を説いて回った。

大統領が太鼓判を押したとあって、アメリカの銀行家たちはドイツ融資に夢中になり、空前のドイツ債ブームがやってきた。二〇年代のアメリカは、「ジャズエイジ」と呼ばれる好景気の中にあって、ひたすら新しい投資先を求めていた。元来勤勉な国民性のドイツは、そんなアメリカの投資家にとり絶好の投資先だった。こうしてドイツ中のあらゆる企業、自治体がアメリカの銀行のターゲットとなり、短期融資がわんさか流れ込んできたのである。

戦争の「種」をまいたウォール街の「仕掛人」たち

この二〇年代の対独投資ブームでは、ごくごく少数のウォール街の投資銀行や法律事務所のエリートたちが、米独間の多岐にわたるビジネス関係をとりまとめ、莫大な利益をものにした。こうしたいわばウォール街の「仕掛人」たちが、ドイツ経済の復興を助け、ドイツ産業界を甦らせ、そしてヒトラーの再軍備に間接的に協力していったのである。

戦争の「種」をまいたともいえるこうしたウォール街の「仕掛人」の一人が、ジョン・フォスター・ダレスである。ダレスはウォール街の名門法律事務所サリバン＆クロムウェルの共同経営者で、第一次世界大戦後のパリ講和会議にアメリカ代表団の法律顧問として参加したのがきっかけで、数多くのドイツ政財界のエリートたちと懇意になり、アメリカきってのドイツ通の一人となった。ダレスはドーズ会議にも特別法律顧問として参加し、ドーズ案の作成にも深く関わった。ダレスは同じくサリバン＆クロムウェルの共同経営者である実弟アレンと共に、欧州市場で金融取引を行なうアメリカの銀行を法律面でサポートしたが、彼らが二〇年代にもっとも活動的だっまた分野が米独間の金融取引だった。ジョン・フォスターは一九二四年から三一年にかけて、実に十億ドルを超える対独金融取引をまとめたと記録されている。ジョン・フォスターとアレンは後にそれぞれアメリカ合衆国の国務長官とCIA長官に就任する。

また、ウォール街の投資銀行ディロン・リード商会は、会社ぐるみで対独投資に邁進した。同社は一九二〇年代初頭からドイツ市場に目をつけ、アメリカの銀行の中でもっともドイツ・ビジネスに積極的な銀行になった。ドイツ政府の公債やドイツ大手企業の株を手がけ、一九二七年までに一億六千万ドルものドイツ債や株を商い、これによりディロンは有価証券発行業務に関しては、J・P・モルガン商会、ナショナル・シティー銀行についで全米でナンバー三の銀行にのしあがった。この二〇年代から三〇年代初頭にディロン・リードの共同経営者として同社のドイツ・ビジネスに深く関わった経営陣の中には、ジェームズ・フォレスタル（後の国防長官）、ウィリアム・ドレイパー（後のアメリカのドイツ占領軍政府経済長官）、そしてポール・ニッツェ（著名な外交官で安全保障問題の専門家）がいた。

もう一つ、当時の米独ビジネス関係を語るのに欠かせない投資銀行が、ブラウン・ブラザース・ハリマン商会である。同社は一九三一年にアメリカの投資銀行W・A・ハリマン商会と英米資本の投資会社ブラウン・ブラザース商会が合併してできた会社だが、W・A・ハリマン、ブラウン・ブラザースは共に二〇年代を通じて大規模にドイツ債を商い大儲けした銀行であった。W・A・ハリマンは一九二二年にアヴェレル・ハリマンとローランド・ハリマンによってニューヨークに設立された銀行で、このハリマン兄弟の父親は十九世紀のアメリカの鉄道王E・H・ハリマンである。日本と南満州鉄道の共同経営を提案し、歴史の教科書にも登場するあのハリマンである。ローランド・ハリマンは当時ユニオン・パシフィック鉄道の会長、有力誌『ニューズウィーク』の発行人で、ロックフェラーと並ぶ米財界エスタブリッシュメントの一人であった。

このW・A・ハリマン商会で活発にドイツ債を商ったのが、ジョージ・W・ブッシュ現アメリカ大統領の祖父プレスコット・ブッシュであった。プレスコットはローランド・ハリマンのエール大学時代の学友で、一九二六年五月にW・A・ハリマンの副社長として迎え入れられた。プレスコット・ブッシュはブラウン・ブラザース・ハリマン商会では執行役員になり、同社の経営に大きな影響力を持つようになった。

こうしたウォール街の超エリートたちは、ドイツ・ビジネスを通じてドイツ政財界に広範な人脈を築き、こうしたネットワークを通じて得た膨大な知識と情報《インテリジェンス》をもって、以降数十年間にわたり、アメリカ政府の対独政策に大きな影響を与えていくのである。

アメリカン・マネーが可能にしたドイツの巨大企業連合

ウォール街の「仕掛人」たちの働きによって莫大なアメリカン・マネーがドイツに流れ込んだ結果、ドイツ産業界はいっせいに企業合併に乗り出し、途方もなく巨大なトラストやカルテルが誕生していった。

一九二六年三月、ドイツの四大鉄鋼会社が合併し、合同製鋼株式会社が誕生した。この巨大企業連合は、資本金が八億ドイツ・マルク、従業員は十七万三千人で、ドイツ国内の鉄鋼生産の四十パーセントから五十パーセントをコントロールし、世界的に見てもアメリカのUSスチールにつぐ世界第二位の鉄鋼会社になった。この巨大企業連合の誕生を可能にしたのは、ウォール街の「仕掛人」たちで、合同製鋼の七千万ドルの社債発行を引き受けたのは、ディロン・リードだった。この金融取引を通じてディロン・リードは合同製鋼の取締役会に代表者を送り込み、このドイツ産業界の中核企業の経営に直接影響を及ぼすようになる。

一方、ドイツの化学業界でもすさまじい寡占化が進んだ。一九二五年十二月、ドイツの八大化学会社が合併してIGファルベン社が誕生した。これによりIGは、ドイツ化学工業全体の生産及び売上の三十パーセント以上、輸出及び投下資本の五十パーセント、そして就業者の実に三十パーセントを占めるマンモス企業となった。従業員数は十万人に達し、世界の大企業の中でもアメリカのゼネラル・モータース社、USスチール社、スタンダード石油（ニュージャージー）社につぐ四番目、化学会社としては世界最大の企業にのしあがった。この企業の軍事上の重要性は、同社が火薬、ダイナマイト、毒ガス、そしてさまざまな化学兵器の原料を独占的に生産していた点にあった。ナチス強制収容所のガス室で使用されたとされる毒ガス、ツィクロン‐BはこのIGファルベンが開発したもので、アウシュヴィッツにあった同社の工場では、囚人たちが死ぬまでこき使われたことで有名である。このためＩＧファルベンは後に、「ヒトラーのもっとも重要な財産」の一つと言われるようになる。

このＩＧファルベンと親密な関係を築いたアメリカの銀行が、ナショナル・シティー銀行であった。ナショナル・シティーはＩＧの三千万ドルの社債発行を引き受け、このドイツ最大の化学会社の誕生を可能にした。ナショナル・シティーは世界最大の石油会社スタンダード石油を支配するロックフェラー家の銀行であり、こうした背景からロックフェラー・グループ、特にスタンダード石油（ニュージャージー）は後に、ＩＧファルベンと全面的な提携関係に入り、ドイツの再軍備を側面支援することになる。

一九二〇年代の対独投資ブームは、アメリカの銀行に莫大な富をもたらし、ドイツはカナダを除けばアメリカン・マネーの最大の受け入れ国になった。一九二五年から一九三〇年の間に、アメリカの民間銀行はドイツに対し三十億ドル近い資金を貸し付けたが、この金額は、第二次世界大戦後のマーシャル・プランでドイツが受けとった額十三億ドルの、実に二倍を超える莫大な金額であった。こうしてアメリカから資金を得たドイツの産業界は、前例のないほど強力な企業連合を生み出し、そしてそれが後にヒトラーの重要な財産となっていくのである。

ヒトラーを支援した大物財界人フリッツ・テュッセン

こうしてアメリカン・マネーによって誕生したドイツの巨大企業は、アドルフ・ヒトラーといかなる関係を結んだのだろうか？　一九二〇年代のはじめ、ヒトラーが政権を掌握するはるか以前から、この過激なドイツの政治家を財政的に支援していた大物財界人がいた。当時ドイツ工業界きっての金持ちの一人だったフリッツ・テュッセンである。

フリッツ・テュッセンは一九二六年に、父のアウグスト・テュッセンを継いでテュッセン鉄鋼帝国の社長の座に就いていた。偶然にもこの年、ドイツ鉄鋼業界の大再編が起き、世界第二位の鉄鋼会社、合同製鋼が誕生していた。前述したようにこの合同製鋼は、アメリカの投資銀行ディロン・リード商会の力を借りて誕生し、ディロンの役員を取締役会に受け入れていた。テュッセン社の株がこの企業連合の主力を占めたため、フリッツ・テュッセンはこの合同製鋼の監査役会の会長に選ばれ、以降一九三六年までその地位にいた。

このドイツ最大の鉄鋼会社合同製鋼のフリッツ・テュッセンが、あろうことかヒトラーの大ファンになり、ナチズム運動初期の最大のスポンサーになったのである。テュッセンのヒトラーへの共鳴は、彼の個人的な体験にもとづいた強烈な反共産主義思想によるものだった。

一九一八年から一九一九年の一年間、ドイツでは共産主義革命運動が吹き荒れ、ドイツ国内はほとんど無政府状態に陥っていた。新聞や雑誌では、連日のようにボルシェビキによりロシアの上流階級が残酷に殺害されていく様子が報じられ、実際それと同様に恐ろしい事件が、ドイツ国内でも起きはじめていた。

一九一八年の十二月七日、ライフルと拳銃で武装した一群が、フリッツ・テュッセンの別荘に何の前触れもなくやってきた。彼らはフリッツと彼の七十六歳になる父親を逮捕し、列車でベルリンまで連行するためにやってきたのだった。他の四人の工業家と共に、テュッセン父子は三等車につめこまれ、ベルリンに移送された。彼らは、過激な共産主義者として知られたベルリン警察の署長エミール・アイヒホルンの命令で逮捕されたのだった。この急進左派の警察署長は、当時多数の政敵や旧政治体制下の官僚を逮捕し、裁判を行なわずに警察本部内で処刑したと噂されていた。

アイヒホルンはフリッツと他の工業家たちに対し、「貴様らは、反逆罪と反革命運動のかどで有罪だ。社会主義革命を妨害するために、フランスの占領軍に介入を要請した人民の敵だ」と言い放った。彼らの中で一人としてフランスの占領軍と接触のあったものはいなかったため、フリッツたちは抗議し、その容疑を全否定した。しかしこうした抗議もむなしく、彼らは全員それから四日間、死の恐怖と隣り合わせで刑務所に入れられた。

「この日々の記憶が、私をナチスへの援助という行動に駆りたてたのだろう。私はナチスこそ、ドイツという偉大な工業国が直面していた危機を、まったく新しいやり方で解決してくれると信じたのだ」と後に語るように、共産主義者の横暴に苦しめられたこの体験が、フリッツ・テュッセンを強硬な《反共の闘士》に変え、ヒトラーの支援へと駆りたてたのだった。

一九二三年十月、テュッセンははじめての政治献金をナチスに納めた。この年、社会秩序は大いに乱れ、まるでドイツで共産主義革命が起こったかの様相を呈していた。テュッセンは十万マルクをナチスと別の極右政党に与えている。また、一九二八年の秋、ヒトラーがナチスの新しい本部「褐色の館」を購入するための資金不足を嘆いていたとき、ヒトラーの右腕ルドルフ・ヘスが、テュッセンに援助を頼んでいる。ヘスの要求に応じてテュッセンは、オランダのロッテルダムにある貿易海運銀行を通じて、約百二十五万マルクを送金した。

この後、テュッセンとヒトラーの関係は以前にもまして親密になった。ヒトラーとヘスは、週末にテュッセンのラインラント城に招待されるようになり、テュッセンがミュンヘンを訪れるときにはいつでも、ヒトラーと昼食やディナーを共にするようになった。テュッセンがヘルマン・ゲーリングと親交を結んだのも、ちょうどこの時期であった。テュッセンは頻繁にゲーリングのベルリンの自宅を訪問し、政治活動のためだけでなく、日常生活に必要な資金まで面倒をみたという。

このようにしてテュッセンは、ナチス運動の初期の支援者となった。が、彼の寄付はそれでも、一九二九年まではきわめて限られたものであった。

ヒトラーの権力奪取とドイツの大企業

一九二九年は、ナチスの財政状況に目覚ましい変化を与えた重要な年であった。この年、ドーズ会議では決められなかった、ドイツの賠償総額と支払い期限を決めるため、新たな国際金融会議が開催された。同会議の議長は、ドーズ会議でも中心的な役割を果たしたモルガン財閥の銀行家でゼネラル・エレクトリック社の会長オーウェン・ヤングであった。会議ではヤング案が採択され、賠償金の年間支払い額は二十五億マルクから二十億五千万マルクへと、ドーズ案に比べてはるかに減額された。

また賠償問題から政治色を取り除くため、戦勝国による監督総代表とその事務所を解散することにし、そのかわり新たに国際的な賠償銀行、国際決済銀行（ＢＩＳ）が設立されることになった。これ以降、ドイツに対する賠償請求の業務はこの賠償銀行に委託し、資金を徴収したＢＩＳが債権国の中央銀行に支払うシステムに変更されることになった。ＢＩＳは三億ドルの「ヤング公債」を発行し、そこで得た資金を債権国への支払いにあて、「ヤング公債」を買った民間投資家にはドイツの中央銀行が償還期日を保証した。このような金融操作により、ドイツの賠償債務を民間人が自由に売買できる債権に変更して、賠償問題を政治と切り離すことを意図したのである。

しかしヤング案は、賠償金の支払いをさらに五十九年間、つまり一九八八年まで継続することを義務付けたため、とりわけドイツの愛国者たちを憤慨させ、ヒトラーに絶好の攻撃材料を与えることになった。ヒトラーは「外国の資本主義者が今後二世代にわたってドイツ国家の生存を脅かす陰謀をくわだてている。彼らはドイツを『ヤング植民地』にするつもりだ」と騒ぎたて、「ヤング案とはドイツ国家の奴隷化を意味する」として、大々的な反ヤング案キャンペーンを展開したのである。ヤング案はまた、フリッツ・テュッセンにも強烈なインパクトを与えた。テュッセンは、「私はドイツ経済の完全な崩壊を防ぐには、ヤング案と戦うことが不可欠であると確信するにいたった。私がナチスに傾倒していったのは、そう確信してからのことである」と書き残している。このヤング案によってテュッセンとヒトラーの関係はいっそう強まったのであった。

この一九二九年は、二十世紀の金融史上でもっとも衝撃的な事件が起きた年でもあった。この年の十月、ニューヨーク証券取引所で株価が大暴落し、それが引き金となってわずか数カ月の間に、世界は大不況の大波に飲み込まれていった。世界大恐慌である。欧米の先進諸国の中で、ドイツほどにこの大恐慌で打撃を被った国は他になかった。同国の工業生産高は実に半分にまで落ち込んだが、英米仏いずれの国でもこれほどまでに急激な落ち込みを見せたところはなかった。ドイツでは記録されている失業者の数だけでも、一九二九年九月の百三十二万人から一九三二年九月には五百十万人に急増した。そして失業者の数が増えるにしたがって、ヒトラーの支持率も急上昇していったのである。一九三〇年九月に行なわれた国会選挙では、ナチスが十九パーセントの票を獲得し、一気にドイツで二番目の政党にのしあがった。大不況による低迷と社会的混乱の続く中、独裁政治の足音が刻一刻と迫ってきたのである。

天下取りが現実味を帯びてくる中で、ヒトラーはドイツ財界とのパイプ作りを本格化させる。権力奪取を実現するには、テュッセンの支援だけではなく、もっと幅広く財界からのバックアップが必要であることを心得ていたからである。一九三一年十二月、ヒトラーは経済顧問のヴィルヘルム・ケプラーに対し、「権力を握ったときに役に立つ財界大物たちの組織化に着手」するよう指示を出している。ケプラーは以前からナチスの同調者として知られていたケルンの個人銀行、J・H・シュタイン銀行の共同経営者クルト・フォン・シュレーダー男爵の助けを借りて有力な財界人に呼びかけ、アルバート・フェーグラー（合同製鋼取締役会長）、エヴァルト・ヘッカー（イルゼデ製鉄監査役会長）、ルドルフ・ビンゲル（ジーメンス・シュッケルト取締役）、オットー・シュタインブリンク（シャルロッテ製鉄副社長）等の工業界の大物、銀行界からは重鎮のヒャルマー・シャハトやシュレーダーのほか、ヴィット・ヘーフト（コメルツ銀行監査役会長）、エミール・H・マイヤー（ドレスデン銀行信用組合局長）、さらに商業界や農業界からもビッグネームを集め、ケプラー・クライス（サークル）を発足した。このケプラー・クライスを通じて、ヒトラーは財界、とりわけルール重工業首脳と恒久的なパイプを持つことに成功したのである。

一九三二年七月に行なわれた国会総選挙で、ナチスは帝国議会の計六百八議席中二百三十議席を獲得する大勝利を収め、ドイツの立法機関の中でもっとも強力な政党となった。この時点でそれまではナチスと距離を置いてきたＩＧファルベン社が、ヒトラーとのチャンネル作りに動き出している。ＩＧのカール・ボッシュ取締役会長は十一月六日に予定されている国会総選挙を前にして、ＩＧの人造石油プロジェクトの現場責任者をヒトラーのもとへ送っている。ＩＧはヒトラーが政権を握ったとしても、現政権に引き続き同社の人造石油プロジェクトを支援する考えがあるかどうかを確認したかったのである。

十一月はじめに行なわれたヒトラーとＩＧの密使との会談の冒頭でヒトラーは、「あなたが自分の考えを述べる前に、すべての問題に関する私の立場を知っていただきたい。今日、政治的な独立を保ちたいと願っているわが国にとって、石油なしの経済など想像することもできない。ドイツの動力燃料は、たとえ犠牲をともなったとしても現実のものにしなければならない。つまり、水素添加による石炭液化プロジェクトは、緊急に進める必要がある」と語り、ＩＧ社の人造石油事業に関する理解を示した。当初予定されていた三十分の会談は二時間半に及び、ヒトラーの人造石油に関する知識は、ＩＧの密使を驚かせるほどだったという。

ヒトラーはこの技術がいかに国家の戦略上重要であるかを十分に心得ていた。この会談でヒトラーは、ナチスが政権をとった際には、ＩＧの人造石油プロジェクトを継続支援していくことを約束した。そしてこの会談の後、ＩＧはナチスに約三万マルクの資金援助を行なっている。

続く一九三二年の十一月六日に行なわれた国会総選挙で、ナチスは恐慌以来続けてきた快進撃に土をつけ、初の敗北を喫した。ナチスはなお第一党を維持できたものの三十四議席を失い、代わりに共産党が躍進して十一議席増やした。特に首都ベルリンの選挙では共産党がナチスをはるかに上回り第一党になった。危機感をつのらせたケプラー・クライスは、広く財界の重鎮たちに呼びかけて、ヒトラーを首相に任命するよう大統領に請願する署名運動を展開した。ケプラーやシュレーダーは計四十二名の有力な財界人に署名を求めたが、応じたのはその半数にも満たない二十名に過ぎず、この試みは失敗に終わった。

しかしケプラーやシュレーダーはあきらめずにヒトラーを政権の座に就けるための方策を練った。そんな中で十二月十六日に行なわれたシュレーダーとフォン・パーペン元首相の会談はとりわけ大きな意味を持っていた。当時ヒンデンブルク大統領のもっとも有力なアドバイザーと言われたパーペンは、シュレーダーに対し「ヒトラーが首相になることを全面的に支持する」と語り、ヒトラーとの秘密会談を望んだのである。ただちにシュレーダーは財界重鎮、とりわけ重工業界の首脳たちに「ヒトラー－パーペン秘密会談」について根回しをし、財界首脳の意向を確かめたうえで、一九三三年一月四日、ケルンの自宅にヒトラーとパーペンを招いて秘密会談を実現した。この会談でパーペンとヒトラーは今後お互いに協力しあっていくことで原則的に合意した。またシュレーダー男爵は、ナチスに莫大な資金援助を確約し、破産寸前にあったナチスの党財政を立て直すことを申し出ている。

この後ヒンデンブルク大統領の、「ヒトラーを首相に任命する」との決断に、何が決定的な影響を与えたのかは定かではない。しかし、フリッツ・テュッセンやクルト・フォン・シュレーダー男爵、そして彼の背後に控えていたドイツ重工業界の首脳が、共産主義の脅威からドイツを救うためにヒトラー政権の誕生を望み、そのためにさまざまな画策を行なっていたのは確かである。こうして一九三三年一月三十日、遂にヒトラー内閣が誕生した。

ヒトラー政権とアメリカ財界の危険な関係

ヒトラー政権が誕生して半年以上が経過した一九三三年八月四日の『ニューヨーク・タイムズ』紙は、ヒトラー新首相がはじめてアメリカの企業家代表団をベルヒテスガーデンに招待した、というニュースを小さなベタ記事で報じた。ヒトラーに接見したこの代表団は、アメリカの大手通信会社、国際電話電信会社（ITT）の創設者ソスシーンズ・ベーン社長とそのドイツにおけるエージェント、ヘンリー・マンであった。ITTはすでに一九三〇年にスタンダード・エレクトリツィテーツ・ゲゼルシャフト（SEG）社とロレンツ社という二つの会社を買収してドイツ市場に参入していたが、新しいナチス政府に接近することでさらにビジネスを拡大させようと考えたのである。

ベーン社長はヒトラーの経済顧問ヴィルヘルム・ケプラーに、ITTのドイツ子会社の取締役候補としてふさわしい人物、つまりナチスと折り合いの良いドイツの財界人を紹介してくれるよう依頼し、ケプラーはすぐにケプラー・クライスの同僚シュレーダー男爵を推薦した。こうしてシュレーダーはITTの子会社SEG社の取締役に就任し、ドイツにおけるITTの事業発展に貢献することになった。シュレーダーを通じてITTが拡大させた事業は、他ならぬ兵器ビジネスだった。ITTはもともと通信という軍事的に重要な分野に関わっていたが、三〇年代後半にはさらにダイレクトに兵器ビジネスに参入をはじめた。一九三八年、ITTのドイツ子会社の一つロレンツ社が、ドイツの軍用航空機メーカー、フォッケ・ヴルフ社の株式二十八パーセントを買収したのである。そして同社は一九三八年から一九三九年を通じて、ナチス・ドイツの陸・海・空軍と無数の契約を結び、航空機からレーダー装置や砲弾の導火線にいたるまで、さまざまな兵器や兵器の周辺機器を生産し、ドイツの再軍備に貢献したのである。

このITTの例が示すように、アメリカ財界はヒトラーの政権掌握後も対独ビジネスに関する姿勢をほとんど変えていない。一九二二年から一九二五年まで駐独アメリカ大使を務めたアランソン・B・ホートンは、「赤の国よりは独裁国家を望む」とはっきり発言していたが、ドイツ財界が「共産主義の拡大を抑えるためにヒトラー政権を望んだ」ように、アメリカ財界も安定したドイツを求め、強力な指導者を歓迎したのである。一九三二年五月、ヒトラーが首相に任命される八カ月も前に、ウォール街の「仕掛人」の一人アレン・ダレスが、「プロシア議会選挙の様子から察するに、ヒトラー分子のプロシア政府や帝国政府への参加の問題が再燃するでしょう。個人的に私はヒトラーたちの政府への参加が実現することを望んでいます」という手紙を、兄ジョン・フォスターに書き送っていた。

またジョン・フォスター・ダレスも当時『フォーリン・アフェアーズ』誌などへ盛んに寄稿し、「ヨーロッパにおける独裁者の台頭は、圧迫されているヨーロッパの新興国家が、国家的帝国主義諸国に対して、不均衡の是正を求めるうえで避けることのできない潮流なのだ」との見解を示し、ファシズムを擁護する発言を繰り返していた。つまり当時のアメリカ財界のエスタブリッシュメントは、ヒトラーを危険視するどころかむしろ歓迎していたのである。

彼らウォール街の「仕掛人」たちにとって、ナチズムや極右の潮流はなんら恐れるべきものではなかった。もちろん当時はヒトラーのユダヤ人弾圧などの実態が正確に伝わっていなかったという事情もあったのかもしれない。否、知らされていたとしても、反ユダヤ主義が蔓延していた当時のアメリカのエリート社会では、それはとりたてて問題にすらならなかったのかもしれない。彼らにとってナチズムより何倍も恐ろしかったのは共産主義であり、この「赤の脅威」に対抗するためには、強いドイツ、安定したドイツの存在が望ましかったのである。

実際アメリカ資本による対独投資は、ヒトラーが政権に就いて以降、不況にもかかわらず急増している。一九二九年から一九四〇年までのアメリカの対独投資は、他のヨーロッパ諸国への投資が軒並み減少しているにもかかわらず、実に四十八・五パーセントも上昇した。ちなみに同時期のアメリカによる対英投資はわずかに二・六パーセント増えただけだった。

ジョン・フォスター・ダレスの親独国際カルテル

二〇年代の対独投資ブームで活躍したウォール街の「仕掛人」ジョン・フォスター・ダレスは、三〇年代に入ると欧米の大企業間の破滅的な競争を廃し、マーケットを分割する国際カルテルのとりまとめに邁進し、ドイツの大企業をこうしたカルテルに組み入れることに力を注いでいく。カルテル協定を結ぶことにより、アメリカの大企業がドイツ企業の進んだ科学技術を入手することができたという利点もあったが、特筆すべきは、こうしたカルテル協定により、ドイツ企業が軍事関連技術や戦略物資を入手することが可能になり、結果としてヒトラーの戦争準備に大いに貢献したという点である。

ダレスが最初にとりまとめたカルテルは、ニッケルに関する協定であった。ニッケルは、鋼鉄の装甲板やステンレス鋼の製造には不可欠で、軍事的にきわめて重要な戦略物資であった。一九二〇年代の後半までに、カナダの一企業が、世界のニッケル市場の実に九十パーセントをコントロールし、文字通り世界のニッケル市場を牛耳っていた。この会社はインターナショナル・ニッケル社、ＩＮＣＯの略称で知られる巨大企業だ。一九二八年十二月以降、この会社は登記上カナダ国籍となっていたが、もともとはアメリカのニュージャージー州の会社で、米独占禁止法の適用を避ける目的で名目上カナダ国籍となっていたので、実質的にはアメリカ企業と考えてよかった。ダレスは同社の法律顧問を務めていただけでなく、一九二五年以降、同社の取締役会にも席を置き、同社の国際戦略に大きな影響を与えていた。

一九三〇年代はじめ、ダレスは世界のニッケル企業を集めて一連のカルテル協定をまとめていく。一九三一年、ＩＮＣＯはフランスの大手ニッケル会社カレドニッケル社との間で、商業用ニッケルの販売に関して競争を排除する協定を結んだ。この協定によりＩＮＣＯはアメリカとカナダ市場における独占権を保障され、世界市場は交渉による割当で分割されるようになった。続く一九三四年には、このカルテルにドイツのＩＧファルベン社も引き入れられた。この協定では、南北アメリカ市場の独占権をＩＮＣＯに与える代わりに、残りの世界市場は、ＩＮＣＯとカレドニッケル社、そしてＩＧの三社の交渉により市場を分割することが決められた。またＩＧの持つニッケル精錬所の工程に関する新技術がＩＮＣＯに供与される一方、ＩＮＣＯはＩＧにニッケルベアリング原料を供給し、さらにＩＧの生産したニッケルが、ＩＮＣＯやカレドニッケルが有する世界的な販売網で販売されることになった。ヒトラーの「もっとも重要な財産」ＩＧファルベンは、このカルテルへの参加を許されたことで、ニッケルという戦略的に重要な原料を手に入れることができたのである。アメリカのジャーナリスト、ナンシー・リザゴーとフランク・リプシウスによれば、ドイツ寄りのダレスの助けがなければ、ＩＧはこのような有利な条件でカルテルを結ぶことはできなかったはずだという。

ダレスはまた世界の化学業界の大再編・カルテル化にも深く関わった。一九三〇年代になると世界の代表的な化学会社は、何百にも及ぶ秘密協定を結び、お互いに複雑に絡み合っていたが、ダレスはベルギー最大の化学会社ソルベイ社の法律顧問を務めていたことから、こうした数々の秘密協定に関与し、世界の巨大化学メーカーの動向に通じていった。

このような化学業界のカルテルの中に、ドイツ側に圧倒的に有利に作られていて、そのためヒトラーの再軍備に大きく貢献した協定がいくつもあった。マグネシウムという、とりわけ航空機産業で必要不可欠な原料に関するカルテルもその一つである。航空機のエンジンをはじめ、フレーム、あらゆるインテリアのパーツ、車輪、そしてその他さまざまな航空機のパーツの製造に、この材料が必要とされていた。マグネシウムはまた、焼夷弾《しょういだん》、曳光弾《えいこうだん》、照明弾等の製造にも不可欠な材料であり、軍需産業に直結した戦略物資だった。

一九二〇年代、ダウ・ケミカル社とアメリカン・マグネシウム社という二つのアメリカ企業が、世界のマグネシウム市場で強大な力を持っていた。一方、ドイツ市場におけるマグネシウム生産は、あのＩＧファルベン社が独占的に支配していた。一九三一年、ＩＧファルベンは、アメリカン・マグネシウムの親会社アルコア社と協定を結び、マグネシウム製造に関する国際特許や技術ノウハウを、両社で共有することを決定した。続く一九三四年には、この国際特許協定にダウ・ケミカルも加わり、大マグネシウム連合が結成された。このときダウ・ケミカルはＩＧと別の販売契約も結んでいるが、この販売契約がＩＧにいちじるしく有利にできていた。というのもこの契約によりダウは、ヨーロッパにおけるマグネシウム販売の大部分を低価格でＩＧへと割り当てることになり、一九三四年から一九三五年の間にダウが生産した四百万ポンド相当のマグネシウムの内、実に三百八十万ポンドをＩＧに販売したのである。しかもダウはこのマグネシウムを他の顧客より三十パーセントも安い価格でＩＧに販売したため、ＩＧはヨーロッパのマグネシウム市場で圧倒的に強力な立場に立つことになったのである。

この米独企業間のマグネシウム協定が、イギリスの戦争準備に与えた影響は計りしれなかった。というのもイギリスはこの協定のせいで、マグネシウムの輸入では完全にドイツに依存する破目になったからである。一九三八年末の時点でイギリスは、マグネシウム輸入の実に八十七・九パーセントをドイツに依存していたというから驚きである。英独間で戦争が勃発したとき、ドイツはただちにイギリス向けマグネシウムの供給を大幅に削減し、イギリスは深刻なマグネシウム不足に陥ったのであった。

マグネシウム協定と同様にドイツ側に有利にできていたものとして、炭化タングステンに関する米独間の価格協定も重要だ。工作機械はあらゆる産業にとって欠かせないアイテムの一つだが、当時、もっとも鋭利な工作機械用カッターの製造に、この炭化タングステンが用いられていた。この金属に関しては、アメリカのモルガン財閥のゼネラル・エレクトリック社とドイツのクルップ・スチール社が国際協定を結んでいた。この協定により二社は、炭化タングステンの価格を法外な高価格に設定することに成功していた。この協定が結ばれる以前は、アメリカ国内における炭化タングステンのポンドあたりの価格は、五十ドルにも満たなかった。しかし一九二八年にＧ

Eとクルップの間で協定が結ばれてからは、ポンドあたりの価格は一気に四百五十三ドルにまで上昇している。

一方でドイツ国内における価格は、ポンドあたり五十ドルを超えることは決してなかった。このため一九三四年時点でドイツの工作機械産業は、アメリカのそれと比べて二十二倍もの炭化タングステンを消費したのである。この協定はつまり、ゼネラル・エレクトリック社に莫大な富をもたらす一方で、ドイツの産業界に確実に貢献していたのであった。

IGファルベンと手を組んだロックフェラー・グループ

こうした米独間のカルテル協定の中で、おそらく軍事的にみてもっとも重要なものは、IGファルベン社とスタンダード石油（ニュージャージー）社のそれであろう。第二次世界大戦後に、IGファルベン社の調査を行なったアメリカ陸軍省は、「IGの莫大な生産施設や熱心で高度な研究、そして広範な海外展開なくして、ドイツの戦争遂行を想像するのは難しく、実際不可能だったであろう」と結論づけていた。一九四三年にドイツの陸軍がどれだけIGファルベン社に依存していたかを雄弁に物語る数字がある。IGは当時、全ドイツで生産された

・合成ゴムの百パーセント
・毒ガスの九十五パーセント

・プラスティックの九十パーセント
・マグネシウムの八十八パーセント
・爆発物の八十四パーセント
・火薬の七十パーセント
・ハイオクの航空機用ガソリンの四十六パーセント
・人造ガソリンの三十三パーセント

を生産していたという。ＩＧはまさにドイツにおいて、「国家の中の国家」と呼ばれるにふさわしい巨大企業だったのである。

そのＩＧがロックフェラー家と縁の深いナショナル・シティー銀行の助けにより誕生したことはすでに述べた。しかしロックフェラー家とＩＧの関係はナショナル・シティー銀行に止まらなかった。同家の中核企業であるアメリカ最大の石油会社スタンダード石油（ニュージャージー）社が、このドイツ最大の化学会社と全面的に手を結んだからである。

石油がアメリカの安全保障にとって不可欠な戦略物資となって以来、アメリカ最大の石油会社スタンダード石油は、アメリカの国益を左右する重要な企業になっていた。一方のＩＧファルベンも、「国家の中の国家」と言われ、ヒトラーが政権を握ってからは、ナチスの軍拡計画には必要不可欠の存在となっていた。そこでこの巨大な米独大企業の関係は、たんなるビジネス取引というレベルを越え、両国間の政治・経済関係の行方を左右する大きなインパクトを持つものとなった。

スタンダードとIGの最初の接触は、一九二〇年代半ばに行なわれた。この頃のアメリカの石油業界には、「アメリカの石油備蓄は不十分ではないか」という懸念が広まっており、こうした理由からスタンダード石油は、原油に代わる液体燃料の原料を探し求めていた。一九二一年のはじめには、コロラド州に約九十平方キロメートルもの土地を購入し、頁岩《けつがん》から油を抽出する方法を研究したりもしたが、こうした研究からは商業的に採算の合いそうな方法は見つけられずにいた。

そんな中一九二六年、スタンダード石油開発（スタンダード石油の子会社）のフランク・ハーワード社長がたまたま、ドイツのルートヴィッヒスハーフェンにあるIGファルベンの工場を視察した。そこでハーワードはIGの研究所、実験用プラント施設で行なわれていた人造石油の実験をまのあたりにし、深い感銘を受けた。IGは水素添加法により石炭を石油に転換し、また重油をガソリンに転換することに見事に成功していたのである。

ハーワードはただちにスタンダード石油本社のウォルター・ティーグル社長に、メッセージを送った。

「本日の視察にもとづいて申し上げますと、これは一九一一年のスタンダード石油トラスト解体以来、わが社が直面するもっとも深刻な問題と言えましょう。IGは亜炭やその他の低質の石炭から、一級品のモーター燃料を作ることができるのです。これはガソリン供給においてヨーロッパが完全に独立することを意味します。そしてその後に残されるのは、真っ正面からの価格競争になるでしょう」

このハーワードの急報を受けて、ティーグルはわずか数日後にルートヴィッヒスハーフェンに飛んだ。ＩＧの技術は、ハーワードと同様ティーグルにも驚愕を与えた。ティーグルは、この技術が石油産業に対する潜在的な脅威であることも十分に察知した。人造石油は、従来の石油事業を窮地に追い込む可能性を含んでいたのである。

そこでスタンダードは、この技術を獲得すべくＩＧと交渉を開始した。一方のＩＧも、人造石油の大規模な生産を開始するため、新たな資金源を必要としていた。スタンダード石油の巨大な金庫は、ＩＧにとって魅力的な資金源だった。この双方の思惑が一致して、最初の協定が結ばれたのは一九二七年九月だった。この協定は、二社が水素添加技術を世界的に独占し、そのうえでスタンダードは原油精製にその水素添加技術を利用し、ＩＧはスタンダードの資金力を利用するというものだった。

さらに交渉を続けた結果、一九二九年の十一月には、さらに広汎な技術協力関係を築くことになる。いわゆる「四者協定」と呼ばれるもので、これによりスタンダードはドイツ以外の世界においてＩＧの水素添加分野の特許権を獲得した。ただしこの権利はスタンダードとＩＧが合弁で設立する企業ＳＩＧ社（後のスタンダード・ＩＧ社）に譲渡されることになった。その代償としてＩＧは、三千万ドル相当のスタンダード石油の株式を取得し、さらにスタンダードがドイツ以外でＩＧの水素添加分野の特許権を行使する際、ＩＧはロイヤルティーの二十パーセントを手にする権利を得たのである。

さらに二社は一九三〇年にジャスコ協定という補足の協定も結び、もしＩＧかスタンダードのいずれかが、将来新たな水素添加技術を開発した場合、その特許権を二社が共有するジャスコ社に譲渡するということで合意に達した。こうした一連の協定は、ＩＧ、スタンダード双方に満足のゆくものであり、この全面提携によって二社は「結婚した」とまで言われた。そして二社の関係はヨーロッパで戦争の足音が近づくにつれて、ますます深くそして危険なレベルにまで発展していくのである。

ヒトラーのチェコ侵攻を側面支援したスタンダード石油

スタンダード石油（ニュージャージー）とＩＧファルベンの提携は、双方にとって商業的に有益なものだったが、この二社の関係はやがて、ヨーロッパの軍事情勢に深刻な影響を及ぼすことになる。

スタンダード石油は、ゼネラル・モーターズ社と共同出資でエチルガソリン社という会社を保有していたが、同社は一九三〇年代までに、このエチルガソリン社を通じて、テトラエチル鉛というガソリン添加剤の主要な生産者となっていた。テトラエチル鉛はエンジンのアンチノック材として使われていたもので、ガソリンの不完全燃焼による燃焼遅れを防止するために使用され、とりわけ航空機燃料には不可欠な添加剤だった。

当時ドイツにはこのテトラエチル鉛の生産施設が存在しなかった。ヒトラーが再軍備計画を本格的にスタートさせたとき、この賢い独裁者は、ドイツもこの戦略的に重要な原料を生産する施設を持たなければならないことに気がついた。この貴重な添加剤なしでは、いかなる近代戦も戦い抜くことは不可能だったからである。それほどこのテトラエチル鉛は軍事的に重要なものであった。

そこでヒトラーはＩＧに対し、スタンダードの子会社エチルガソリン社と組んで、ドイツ国内にテトラエチル鉛の製造工場を建設するよう命令を出した。このヒトラーの命令に従ってＩＧはさっそくエチルガソリン社に接近し、「テトラエチル鉛を生産するための合弁事業を組もう」と持ちかけた。

こうしたヒトラー、ＩＧの動きに危険を感じるアメリカ企業もあった。一九三四年十二月に、当時ゼネラル・モータース社の大株主だったデュポン社が、このＩＧとエチルガソリン社の交渉に気づき、以下のような警告をエチルガソリン社のウェッブ社長に送っている。

「提案されているドイツ工場の建設は、ビジネス的にみて採算のとれる計画ではなく、たんにドイツの兵器産業に、これまで極秘だった技術知識を提供するだけである」

しかしウェッブ社長はこのデュポン社の警告を無視し、ドイツでのテトラエチル鉛工場の建設にゴーサインを出した。エチルガソリン社が商業的に採算の合わないIGの申し出に応じた理由は何だったのだろうか？

ウェッブ社長は当時、「ゼネラル・モーターズ社はドイツに重要な投資をし、海外生産の五十パーセント以上をドイツで行なっており、スタンダード石油も石油事業のあらゆる分野においてドイツに莫大な投資をしている。もしIGとの協力を進めなければどんなひどい事態になるか……」と書き残している。IGの要求はビジネス的には旨味はないし、軍事的な問題もあるかもしれないが、これまでの莫大な投資を無駄にしないためにも、良好な関係を続けたほうがよい、というビジネスマンらしい「合理的な」判断が働いていたのだ。そしてこのスタンダード石油の子会社は、さらにずるずるとヒトラーの再軍備計画を側面支援することになる。

ドイツ空軍は一九三八年になっても、十分なテトラエチル鉛を保有するまでにはいたっていなかった。IGとエチルガソリン社が合弁で建設中の工場は、早くても一九三九年の暮れに操業開始の予定だったからである。しかしこれでは、ヒトラーが立てたチェコ侵略スケジュールにはとうてい間に合わなかった。困ったドイツ空軍省は、IGに「何とかテトラエチル鉛を調達するよう」緊急に要請を出した。そこでいまや完全にヒトラー体制の一部となったIGは、「緊急にテトラエチル鉛五百トンを送ってくれ」とアメリカの良きパートナーであるエチルガソリン社に頼んだ。そしてIGはエチルガソリン社と交渉に入り、このドイツ空軍省への責務を果たすことに成功している。

七月八日にIGは、「エチルガソリン社が今月中にテトラエチル鉛の輸送を開始する」との報告書を空軍省に提出し、確かにこの積み荷の引き渡しは、ヒトラーのチェコ侵攻前に完了していたのである。このアメリカの会社が提供したテトラエチル鉛なしに、ヒトラーのチェコ侵攻は不可能だった、と言ったら言い過ぎだろうか。

独裁国家を望んだアメリカ

一九二〇年代から三〇年代、アメリカとドイツの経済関係はいちじるしく強化された。ウォール街の「仕掛人」たちを中心とするアメリカ政財界の指導者たちは、ドイツの復興を、アメリカ経済のさらなる繁栄の鍵だと考え、ドイツ復興計画に莫大な資金とエネルギーを費やした。アメリカによる対独直接投資は、一九二九年に二・一六億ドルだったものが一九四〇年には三・四九億ドルにのぼり、総投資額の約五パーセントを占めるにいたっていた。この比率はカナダ(二十九・三パーセント)、イギリス(七・七パーセント)、チリ(五・九パーセント)、アルゼンチン(五・五パーセント)につぐ金額であった。

また調査時点の若干異なる統計数字によると、ドイツへの投資は直接投資五・一三億ドル、証券投資一・二五億ドルを中心に総額十・七九億ドルに達しており、総額ではイギリスを上回りカナダにつぐ重要な位置にあったという。いずれにしてもドイツはアメリカにとってもっとも重要な投資対象国の一つになっていたのである。また貿易面でみても、一九三二年にアメリカの総輸出に占めるドイツへの輸出比率は八・三パーセントで、イギリスにつぐ高い比率となっていた。さらに多くのアメリカの大企業が、無数のカルテル協定をドイツ企業と締結し、世界の市場を分割し、お互いの競争を廃し、戦略的に重要な科学技術や原料を分け合っていた。

ドイツ・ビジネスを積極的に進めていたアメリカ企業の数は、アメリカ産業界のトップ百社中のわずか二十六社に過ぎなかったが、こうした企業のアメリカ政財界へのインパクトは強大であった。というのも、この二十六社はそのほとんどがそれぞれの業界最大手の企業であり、同二十六社の一九三七年時点での資産を合計すると、トップ百社の合計資産の実に六十パーセントを超えていたのである。つまり、アメリカ経済界の中でもっとも力のある企業が、ドイツ・ビジネスに参入し、ドイツ財界と関係を密にしていたのである。

アメリカ財界のエリートたちは、ヒトラーが政権を握り、ドイツの大企業がナチズム体制の一部に組み込まれた後でも、ドイツと取引することに何の道徳的なためらいも見せていない。戦後になってアメリカはこの都合の悪い事実を何とか隠蔽しようとしているが、ダレス兄弟などウォール街の「仕掛人」たちの発言や、ＩＴＴ社、スタンダード石油社などの行動をつぶさに見ていけば、彼らがヒトラーの登場後にとりたててドイツに対する態度を改めた様子がないことは歴然としている。当時のアメリカ政財界の指導者たちにとって、ヒトラーのファシズムより恐ろしいのは共産主義だった。経済が悪化し社会の治安が乱れると、共産主義が勢力を強めるのは社会の方程式のようなものだ。そのためアメリカは、経済を復興・安定させ、共産主義の拡大を食いとめる「強いドイツ国家」の出現を望んだのである。

「共産主義に対抗させるために独裁者を支援する」という政治的思考は、実はこの頃からアメリカ政財界エリートの脳裏にしっかりと植えつけられていたと言ってよい。そしてこの政治的思考は、以降半世紀にわたってアメリカの対外政策に影響を及ぼし、世界を迷走させる主原因となるのである。

第2章　ドイツと戦いたくなかったアメリカの事情

一九三三年一月にヒトラーが政権を握ったとき、この独裁者が直面した最初の課題は、経済問題、とりわけ悪化の一途をたどっていた失業問題であった。世界大恐慌はドイツ経済に壊滅的な打撃を与え、失業率は前例のない高さを記録していた。この深刻な失業問題に対処するため、ヒトラーは大規模な雇用創出プログラムに着手した。このプログラムの中心は、大規模な建設プロジェクトとモータリゼーションの推進であった。後者は自動車産業と関連していただけでなく、道路建設を中心としたあらゆる分野のインフラ整備とも密接にリンクしていた。

ワイマール共和国の時代、ドイツでは自動車は贅沢品と見なされており、ドイツにおける自動車の普及は他の先進工業国に比べてはるかに遅れていた。ドイツはまた、道路整備の面でも非常に遅れており、自動車産業や自動車輸送業界は恐慌の影響をもろに受け業界全体が傾きかけていた。

ヒトラーが政権を握ってまだ二週間にもならない一九三三年二月十一日、ヒトラーはベルリン国際モーターショーの開幕に際して演説を行ない、「自動車が金持ち階級のものであるかぎり、それは国民を貧富の二階級に分ける道具にしかならない。国家を真に支えている多くの国民大衆のための自動車であってこそ、文明の利器であり、すばらしい生活を約束してくれるものなのだ。われわれは今こそ国民のための車を持つべきである」と語っている。こうしてヒトラーは「国民のための車《フォルクスワーゲン》」の製造計画を推進していくわけだが、これと同時にヒトラー政権は、自動車産業に有利な政策を推し進め、道路修復、道路建設プロジェクトのために莫大な助成金を与えていった。自動車税は廃止され、道路、運河、橋梁、そしてアウトバーンの大規模な建設計画が開始されたのである。

こうした大型の建設プロジェクトは、実際に大量の雇用を生み出し、一九三三年には、わずか六十万六千人しか建設産業で働いていなかったのが、一九三六年までにその数は二百万人にまで達している。同様に自動車の生産高も一九三四年までに一九二九年時より五十パーセント上昇し、一九三二年から三七年までの間にドイツはモータリゼーションという点で、他の先進工業国と肩を並べるまでに成長した。

またそれ以上に重要だったのは、自動車産業の回復が他の関連産業へと波及していったことである。自動車産業の復活にともなってセメント産業、鉱業、製鋼・製鉄業、工作機械産業、タイヤ・ゴム産業、そして燃料産業も力強い回復を見せたのである。

こうしてヒトラー政権が進めた自動車産業の復興と自動車輸送の推進は、多くの失業者に職を与え、一時的な経済回復を持続させる効果を生み、一九三〇年代のドイツ経済全体の回復に大きく貢献した。またこの建設プロジェクトとモータリゼーションは、同時にドイツ再軍備のための絶好の基盤をも作っていった。ヒトラーのこの政策は、失業者に職を与えると同時に、再軍備のためのインフラを整備するという一石二鳥を狙ったものだったのである。

一九三五年、ヒトラーは公式に再軍備の意志を世界に向けて発表し、ヴェルサイユ条約の破棄を高らかに宣言した。続く一九三六年三月、ドイツ軍はラインラントの非武装地帯を占拠し、この地域の産業をドイツ再軍備計画へと組み込むことに成功した。一九三六年時点でドイツ経済はほとんど完全雇用を達成し、ヒトラーが軍事・外交政策を次のステップに進める準備が整った。戦争の足音が刻一刻と確実に近づきつつあった。

「強いドイツ」が歓迎された理由

ドイツ経済が復活を遂げ、ヒトラーが再軍備に邁進している間、世界はどう動いたのだろうか。特に世界の超大国イギリスとアメリカは、ヒトラーを止めるために何か手を打ったのだろうか。

一九三〇年代、特に三〇年代後半のイギリス政界では、ドイツとの関係改善を求める勢力が主流派を占めていた。彼らは共産主義ソ連を封じ込めるために、強力なドイツが出現することを歓迎していた。そこでこうしたイギリス政界のリーダーたちは、ドイツに有利な形でヴェルサイユ条約を改正することに賛成し、ヒトラーに譲歩することによって、イギリスとドイツの緊張関係を和らげようと考えていた。こうしたイギリスの対独政策は、一般に「宥和《ゆうわ》政策」と呼ばれている。三〇年代の後半、この宥和政策がイギリスの対独政策の柱になっていた。

この政策にもとづいて一九三五年には英独海軍条約が結ばれている。これによりイギリスは、ドイツが海軍力を保持することの正当性を正式に認め、事実上ヒトラーの再軍備を容認した。またこの海軍条約では、ドイツの海軍力をイギリスの三十五パーセントに限定することが決められ、さらに「万が一、ソ連からの危険がおとずれた場合、イギリスと同等比率の潜水艦を保持することができる」という柔軟な規定も設けられていた。また翌年ヒトラーは、ヴェルサイユ条約を無視してラインラントを武力で占拠したが、このときもイギリスはその行動を黙認した。

このイギリスの態度を見定めたヒトラーは、「経済的自給自足の達成」という目標を掲げて、東方への進出を開始した。主に天然資源、工業の充実している中欧諸国を支配下に収めるためである。

一九三七年にイギリスの首相に就任したネヴィル・チェンバレンは宥和派の雄で、このヒトラーの進撃をただ黙認するのみであった。チェンバレンら宥和派の政治家にとって、ドイツが中欧を飲み込み、ソ連との間に「防波堤」ができることは、むしろ歓迎すべきことだったのである。

一九三八年三月、オーストリアの併合を完了して調子に乗ったヒトラーは、続いてドイツ系の少数住民が住むチェコスロバキアのズデーテン地方に矛先を向けた。チェコスロバキアは当時、フランス、ソ連と安全保障条約を結んでいたため、ヒトラーの侵略は仏ソを巻き込んだ戦争に発展するおそれがあった。そこで一九三八年九月、英仏独伊の各国首脳がドイツのミュンヘンに集まり、交渉による解決策を模索した。そしてこの会談により、ズデーテン地方をドイツに割譲することが決められたのである。これが歴史の教科書にも登場する有名な「ミュンヘン協定」である。ヒトラーの外交的大勝利であり、イギリス宥和政策のクライマックスとも言える出来事だった。驚くことにこのイギリスの宥和政策は、反ナチス強硬派のウィンストン・チャーチルが首相の座に就くまで続くことになる。

ヒトラーの主張を利用したアメリカの外交戦術

こうしてイギリスが宥和政策によってドイツとの緊張緩和の道を探っていた時代、アメリカはどのような外交政策をとっていたのだろうか。前章で見たとおりアメリカ財界は当時、ドイツ・ビジネスに熱狂し、ドイツ財界と緊密な協力体制を築いていた。

アメリカ政府のこの時期の外交戦術は実にしたたかだった。アメリカ政府、特に日本の外務省に相当する国務省は、ヒトラーの経済的要求を最大限に利用して、自国の利益を拡大しようと努めていた。当時アメリカが抱えていた外交課題は、イギリスが保護貿易政策によって、アメリカの農業製品を締め出しにかかっていたことだった。そこでアメリカは、ヒトラーの主張を利用することによって、イギリスに保護貿易政策を止めさせるように圧力をかけたのである。

国務省は、アメリカ農業製品の輸出市場を拡大することを、その使命の一つと位置づけていた役所である。当時アメリカの農家にとって、貿易量という点からみてもっとも重要な海外の市場は、イギリスであった。しかしイギリス政府は、一九三二年以来保護貿易政策を採用していたため、アメリカ農業製品のイギリスへの輸出に大きな壁となっていた。そこでアメリカ政府は、ヒトラーが主張する「海外市場や天然資源への平等なアクセス」という要求を認めることによって、イギリスに保護主義政策を止めさせようとしたのである。

実にハイレベルの外交戦術だが、この作戦を考案したのは、国務長官のコーデル・ハルであった。ハルはヒトラーやムッソリーニの植民地要求の正当性を認めて次のように語っていた。「彼ら（ヒトラーとムッソリーニ）は、植民や移民のために植民地を欲しがっているわけではない。国家の成長を持続させるために必要な資源を、どこかで見つけようとしているだけだ。彼らは天然資源と市場を欲しがっているが、アメリカやイギリスはそれを必要以上に保有している」

ハル国務長官は、「イギリスが市場を閉鎖し他国を排除しているので、ドイツやイタリアの独裁者の要求はきわめて論理的なものだ」と考えていたのである。ハルはまた「今ドイツに対して閉鎖的な経済政策を止めさせようとしているのに、他国がそれをしていたのでは話にならない」と主張し、イギリスに対して保護貿易政策を断念するよう、強く要求したのである。アメリカはこのように強烈な外交的プレッシャーをかけ続け、イギリスを交渉の場に引きずり出し、そして遂に一九三八年十一月に英米貿易協定を締結し、イギリスの保護貿易政策の一部修正を勝ちとっている。

アメリカ政府はつまり、ヒトラーを止めるどころか、ヒトラーの主張を自国の利益のために積極的に利用していたのだった。

開戦直後にはじまった和平工作

このように一九三〇年代の後半、ヒトラーは着々と戦争準備を進め、東方へ向けて勢力の拡大を続けていたが、イギリスは宥和政策でヒトラーを野放しにし、アメリカも自国の利益を拡大するためにヒトラーの主張を認めていたのだった。この英米両国の反応を見て、ヒトラーが調子づいたとしても不思議ではない。

ヒトラーはミュンヘン会談において、「ズデーテン地方は、私がヨーロッパにおいてなすべき最後の領土的要求である」と発言したにもかかわらず、その舌の根も乾かぬ六カ月後にはプラハに進撃して占領下におさめていた。このミュンヘン協定違反はイギリス世論を硬化させ、イギリス国民は急速に宥和政策に批判的になっていく。そしてイギリスは一九三九年九月に、ヒトラーがポーランドを侵略するに及んで、ドイツに対し宣戦を布告した。一応このときが第二次世界大戦の開始の日とされている。

しかし、これでイギリスの対独宥和政策が終わったわけではなかった。一般にはあまり知られていないが、この一九三九年九月から一九四〇年四月までの六カ月間は、英仏とドイツとの間で本格的な戦闘はほとんど行なわれていなかった。歴史学的にはこの期間は「偽りの戦争」とか「奇妙な戦争」の時期と呼ばれている。

確かに奇妙な話だ。いったいこの半年間に何が行なわれていたのだろうか。実はこの期間、イギリスとドイツの間では、ひたすら和平のための秘密交渉が行なわれていたのである。ヒトラーがポーランドへ侵攻した翌日の九月二日、当時のイギリス内務大臣は、ドイツ人のジャーナリスト・グループに対して、「われわれはさまざまな事情から宣戦を布告するのを避けることはできないが、だからといってただちに全力を尽くして戦うことなしに、宣戦布告文書を履行することができるのだ」と語り、「宣戦布告が即戦闘を意味するわけではない」という考えを明らかにしていた。実際チェンバレン政権はこうした態度で、「奇妙な戦争」を戦っていたわけである。

この間、英独間には和平のための密使が激しく往来していた。九月四日、スウェーデンのコンツェルン、エレクトロラックス社の取締役ビルガー・ダーレルスがイギリスの外交官フランク・ロバーツ卿に接触し、ナチス・ドイツのナンバー二、ヘルマン・ゲーリングからのメッセージを伝えている。ダーレルスはイギリスとドイツの政財界に素晴らしい人脈を持っており、この手の任務にはもってこいの人物だった。ゲーリングはダーレルスを通じて、「和平交渉をはじめるために個人的にロンドンを訪れる用意がある」ことを伝え、イギリス側ではハリファックス外相がこのオファーに興味を示した。外相はこのスウェーデンの財界人にさらに具体的な和平の条件を持ってくるよう要請した。

これに気をよくしたゲーリングは九月二十六日にダーレルスを直接ヒトラーに面会させている。このときヒトラーは「もしイギリスが本当に和平を願っているのなら、彼らの面子をつぶさずに、二週間以内に和平を達成することができる。条件はドイツがポーランドにおいて完全な自由を得ることを、イギリスが認めることだ」と語った。しかしこの条件はチェンバレンが受け入れることのできるものではなかった。ミュンヘン協定違反以降、チェンバレンのヒトラーに対する不信感は急速に増大しており、イギリス首相はヒトラーとその取り巻き連中（ゲーリングを除く）が権力の座から降り、ドイツがポーランドとチェコスロバキア（ズデーテン地方を除く）から撤兵しないかぎり、ドイツとの和平はないとかたくなに構えたのである。

チェンバレンが強硬な姿勢をとり続けたため、イギリスの宥和派はハリファックス外相を中心にドイツ側との接触を保った。そして「リケット」と名乗るイギリスの石油ディーラー、著名なウォール街のブローカー「スミス」、アメリカの石油王ウィリアム・ローズ・ディビス等さまざまな「怪しい」財界人たちが、ナチス高官とハリファックスの間を往来し、英独間に和平を結ばせようと暗躍していた。主にチェンバレン首相がヒトラー排除にこだわったため、これらの秘密交渉はすべて失敗に終わるが、英独政府の高官たちは、何とか全面対決は避けようと密かに交渉を続け、それゆえ実際の戦闘はほとんど起きていなかったのである。

この流れが百八十度変わるのは、ウィンストン・チャーチルが首相の座に就いてからのことである。この反ナチス強硬派の政治家が政権を奪取するまでには、イギリス政界内ですさまじい権力闘争が繰り広げられ、チャーチルはやっとの思いで一九四〇年五月十日に首相の座にたどり着く。そしてこの日が、英独全面対決のはじまりの日となったのである。

政権を握ったチャーチルは、まずイギリス国内の宥和派、親ナチス派を、あらゆる手段で徹底的に攻撃し、対独全面戦争に向けてイギリス国内をまとめあげていくのである。

駐英アメリカ大使館のナチス・コネクション

チャーチルが首相就任後に出した最初の命令の一つに、「ロンドンにあるアメリカ大使館の暗号文書事務係を逮捕せよ」という指令がある。

この暗号文書事務係の名は、タイラー・G・ケント。ケントはロンドンからワシントンの国務省へ急送する極秘電報を扱っていたロンドンの駐英アメリカ大使館の暗号係だった。ケントは徹底した孤立主義者であり、過激な反ユダヤ主義者でもあった。彼は、ルーズベルト大統領とウィンストン・チャーチルの間で交わされた秘密の通信を見るうちに、「大統領がチャーチルと共謀してアメリカを参戦させようとしているのではないか」と信じるようになった。そこでケントは、アメリカの上院議会にこの危機を警告するために、ルーズベルト‐チャーチル間の交信記録をコピーしはじめたのだった。

ケントはまた、ロンドンの亡命ロシア人組織とも接触し、特にアンナ・ウォルコフという名の白系ロシア人女性と頻繁に接触していた。ロシアからの亡命者であるウォルコフは、親ナチス反ユダヤの右翼団体ライト・クラブのメンバーとして登録されていたため、イギリス情報局MI5の監視下に置かれていた。このライト・クラブは、一九三九年に保守党の下院議員アーチボルト・ラムジー大尉によって設立された組織で、ナチス寄り、反ユダヤのプロパガンダを大々的にまき散らし、反チャーチル・キャンペーンも精力的に行なっていた。このためチャーチルの命令を受け、MI5はライト・クラブの動向を逐一監視していたのである。

そこにアメリカ大使館の暗号文書事務係のケントが頻繁に出入りしていたのだから、MI5の関心を引かないはずはない。ケントはライト・クラブ会員の集会場となっていたアンナ・ウォルコフの邸宅を頻繁に訪れ、そこでチャーチル‐ルーズベルト間の極秘電報のコピーや、アメリカ大使からルーズベルト向けの極秘レポート、またその他の秘密情報をウォルコフに手渡していたのである。そしてウォルコフはそれらの情報をロンドンのイタリア大使館員に渡し、続いてそれらの情報はイタリア大使館経由でローマのドイツ大使まで手渡され、最後にはヒトラーの側近ルドルフ・ヘスのもとまで届けられていたのであった。

MI5を通じてこの動かぬ証拠をつかんだチャーチルは、駐英アメリカ大使館のケネディ大使にこの事実を突きつけ、ケントの外交官特権を剥奪させ、一九四〇年五月二十日にこの若き暗号係を逮捕した。続く五月二十二日には、アンナ・ウォルコフやアーチボルト・ラムジーを含むライト・クラブの会員をことごとく逮捕し豚箱にぶち込んだ。

しかしチャーチルの本当の狙いは、この暗号係ケントだけでなく、彼のボス、駐英アメリカ大使のジョセフ・P・ケネディに圧力をかけることだった。

ナチス好きだったジョン・F・ケネディの父親

アメリカ合衆国第三十五代大統領ジョン・F・ケネディの父親ジョセフ・P・ケネディは、長い間ウィンストン・チャーチルにとって目の上の瘤《こぶ》であった。ケネディはヒトラーの大ファンになり、イギリスやアメリカに根を張る親ナチス派の間に広範なネットワークを築いていたからである。

ケネディは一九三八年に駐英アメリカ大使に任命されたが、ルーズベルト大統領は最初、「アイリッシュがアメリカを代表してイギリスに行くのかい?」と車椅子から転げ落ちそうになりながら笑ったという。しかし大統領は、アイルランド系カトリック教徒のケネディを駐英大使に任命することが、アイルランド系アメリカ人たちの伝統的な反英感情を和らげるのに役立つかもしれない、と思い直すようになる。ルーズベルトはすでにこの頃、イギリスを助けてヒトラーと対決することを想定していたので、ボストンやニューヨークなど大都市にいるアイルランド系移民の反英感情を和らげる必要性を感じていたのである。しかしルーズベルトはすぐにこの任命を後悔することになる。

ロンドンに着いたケネディは、たちまち宥和派の雄ネヴィル・チェンバレン首相と親交を深める。ケネディはその昔、密かに市場を操作して大儲けし、ウォール街の大暴落からも資産を倍に増やしたと言われる相場師だった。かつて蔵相を務めたことのあるチェンバレンとは何かと話が合った。市場を知り尽くしたこの二人は、戦争にはとてつもなく経済的な負担がかかること、戦争が、「儲かる」ドイツとのビジネスを台無しにしてしまうことを心得ていた。そこでケネディ大使は、チェンバレン首相の対独宥和政策を心から支持したのだった。

一九三八年の夏にイギリスで行なったあるスピーチの中で、ケネディは次のように述べて、ヒトラーをなだめ、ドイツとの戦争を避けることの賢明さを訴えた。「私は皆さんにおたずねしなければなりません。いったい世界にあなたの息子さんや他人の子供たちの命をかけるほどの議論や論争が存在するのでしょうか?」

ケネディはチェンバレンの進めた宥和政策とそのクライマックスとも言える「ミュンヘン協定」を絶賛し、「この協定をドイツへのさらなる妥協のよい手本にするべきだ」と発言してはばからなかった。またミュンヘン協定が締結された十日後には、「米独間にも友好のための協定が必要だ」と考えて、ディルクセン駐英ドイツ大使のもとを訪れ、勝手に個人外交を展開した。ケネディはディルクセン大使に、「ルーズベルト大統領はユダヤ人の影響力のもとにある側近から誤った情報を受けているので、ドイツの状況を誤解しているのだ」と述べて、彼自身は「ヒトラーのもとで進められているドイツの経済的発展に喜んでいる」と語った。また「アメリカには非常に強い反ユダヤ主義的傾向が存在するので、アメリカ国民の大部分はドイツのユダヤ人に対する態度に理解を示している」と語り、「アメリカがヒトラーの政策を支持している」とのメッセージを伝えていた。さらにケネディは「ドイツは経済的に、東欧だけでなく南東欧（バルカン）も支配下に入れるべきだ」と繰り返し述べていた。駐英アメリカ大使という要職に就いていた人物が、このような発言をしていたのが、一九三〇年代後半の状況だった。

ケネディ大使はさらに、ヨーロッパで第二次世界大戦が始まる直前に、あるアメリカの財界人と組んで、ナチス・ドイツと密約を結ぼうと画策したことがあった。この財界人とは、ゼネラル・モーターズ社の謎多き副社長ジェームズ・ムーニーであった。同社はドイツのアダム・オペル社を傘下におさめていたが、そこでは軍用航空機の製造を手がけ、ドイツ空軍向けに爆撃機用の推進力装置などを製造していた。ムーニーはこのアダム・オペル社の取締役も務めており、ヘルマン・ゲーリングをはじめナチスの大物たちとも親交が深かった。

一九三九年四月二十五日（一説には二十九日）、ジェームズ・ムーニーは、ケネディに会いにロンドンのアメリカ大使館を訪れた。ムーニーは実は、ケネディを訪ねる前にベルリンに立ち寄り、そこでドイツ経済省にいた友人のヘルムート・ヴォールタートを介して、ドイツ中央銀行のエミル・プール総裁と会談していた。ムーニーはプール総裁と、ヒトラーが提案していた「英米による金貨借款」計画について具体的に検討していたのである。ヒトラーは金貨借款の実現により、英米と通常の貿易関係を回復する考えを持っていた。

ムーニーはこのヒトラーの提案をケネディに伝える密使としてロンドンを訪れたのであった。ロンドンに着いたムーニーは、「この金貨借款は、ヒトラーを和平へ向けて導くだけでなく、ポーランド危機も解消し、さらにはもっと大きな枠組みでの軍縮も期待できるかもしれない」とケネディに熱く語った。ケネディ大使はこの「英米金貨借款」案をいたく気に入り、「すぐにでもプール総裁と会って詳細について話し合おう」とムーニーに返事をした。

そして「英米金貨借款」に関する秘密会談は、パリのリッツ・ホテルにあるムーニーの住まいで行なわれることになったのだが、ケネディが国務省にパリ行きの許可を願い出ると、国務省は「この時期にそのような外国訪問をすれば、マスコミの注目を浴びるだけだ」との理由でこの要求を却下してしまう。そこでムーニーは、ゲーリングの右腕であるヘルムート・ヴォールタートをロンドンへ行かせる手はずを整え、五月九日に、ケネディとヴォールタートの秘密会談が実現した。バークレイ・ホテルで正午に会った二人は、約二時間にわたりこの「金貨借款」について話し合った。内容は、ドイツが兵力制限と不可侵条約を遵守し、その見返りとしてイギリスとアメリカが五億ドルから十億ドル相当の金貨借款を、スイスの国際決済銀行（ＢＩＳ）にドイツの金準備として供与し、ドイツはそれを基盤に通貨と物価の正常化をはかる、というものだった。

ケネディ大使は、「必ずルーズベルト大統領を説得してみせる」とヴォールタートに約束した。すぐにケネディはルーズベルトに電話を入れるが、ホワイトハウスはなぜか大統領に電話を取り次いでくれなかった。落胆したケネディはムーニーに相談し、ワシントンを通さずに自分たちだけでこの計画を進めることを決め、さらなる秘密会談の準備にとりかかった。しかしムーニーがパリに戻った翌日、イギリスの『デイリー・メール』紙が、「ゲーリングのスパイがロンドンにいる」と題して、ヴォールタートのロンドン訪問をカバーした記事を掲載した。さらには左派系情報誌の『ザ・ウィーク』誌もケネディの特集を組み、この秘密会談の模様をセンセーショナルに暴露したのであった。

ムーニーはすぐに、「イギリスの情報機関がマスコミにこの情報をリークした」と勘ぐった。このケネディとヴォールタートの秘密会談を、マスコミの報道によって知らされたアメリカ国務省が、ケネディの命令無視に憤慨したのは言うまでもない。こうしてケネディが画策した「英米金貨借款」は幻に終わったのであった。

イギリスの情報局MI5は、実はすでに長期間にわたってケネディの行動を監視していた。というのもMI5は、「ロンドンのアメリカ大使館内部に、ドイツ情報機関のスパイがいる」という確かな情報を得ていたからである。MI5はこのドイツのスパイを、暗号名で「ドクター」と呼び、この「ドクター」の正体を調査しつづけていた。MI5が最初にこのスパイに関しての情報を受けとったとき、タイラー・ケントはまだロンドンのアメリカ大使館では働いていなかったので、「ドクター」はケントとは別の何者かだった。

無数の情報を分析した結果、ケネディの右腕エドワード・ムーアが、このナチスのスパイである可能性がもっとも高かった。チャーチルが親ナチス右翼団体のライト・クラブのメンバーを根こそぎ逮捕し、アメリカ大使館の暗号係タイラー・ケントを逮捕したとき、チャーチルのもう一人のターゲットは、この「ドクター」だった。チャーチルは、大使館周辺の親ナチス派を一掃することで、「ドクター」をあぶり出そうとしたのである。

そして暗号係ケントが逮捕された直後、一人の人物が大使館を去りアメリカへ帰っていった。ケネディの側近を二十五年間継続して務めてきたエドワード・ムーアである。その辞任発表は唐突で、しかもムーアは大急ぎでアメリカへ帰国していったという。チャーチルが「ドクター」の正体を暴露する前に、ケネディがムーアをイギリスから脱出させたのだろう。

このように当時ケネディ大使が親ナチス派だっただけでなく、駐英アメリカ大使館には、タイラー・ケントや「ドクター」のようなドイツのスパイが潜り込み、あたかもナチスのスパイの巣窟のような様相を呈していた。これに対してチャーチルは、ＭＩ５を使い、この親ナチス・アメリカ大使に秘密の諜報戦争を仕掛けていたのである。

チャーチルの頭痛の種、アメリカの中立政策

チャーチル首相は、国内の親ナチス派を蹴散らし、ヒトラーとの全面対決に突き進んでいく。この過程で、親ナチス派のケネディ駐英アメリカ大使や、その配下にいたナチスのスパイにも果敢に攻撃を加えていった。

こうしてチャーチルはナチスとの対決の道を選択したが、客観的に見てイギリスの形勢は不利であった。統計的に当時の英独の国力を比較してみよう。第二次世界大戦前夜のドイツは、人口が八千万人でそのうち労働人口は四千百万人いた。対するイギリスは人口が四千六百万人で労働人口はドイツの半分にも満たなかった。ドイツの一九三八年時の総所得は、時価換算で七十二億六千万ポンド、イギリスのそれは五十二億四千二百万ポンドであった。さらにドイツは軍事費としてイギリスの五倍の予算をあてていた。ドイツの十七億一千万ポンドに対し、イギリスの軍事予算はわずかに三億五千八百万ポンドに過ぎなかった。加えてドイツでは、ヒトラーが導入した大規模な公共事業と再軍備計画により、一九三六年末までにほとんど完全雇用が実現していたが、イギリスでは第二次世界大戦勃発時の一九三九年九月に百三十万人もの失業者がいた。国力の差は一目瞭然だった。

そこでイギリスが対独戦に勝利するためには、どうしてもアメリカの助けが必要だった。しか

し、チャーチルには大きな問題があった。アメリカにその気がなかったのである。

一九四〇年中頃のアメリカに、「イギリスを助けてヨーロッパの戦争に参戦しよう」と考えるアメリカ人は非常に少数だった。一九二〇年代のアメリカには、「第一次世界大戦時の反ドイツ・プロパガンダが行き過ぎだった」との反省から親ドイツ感情が戻ってきていたし、三〇年代には、議会の調査などで「アメリカの大企業やイギリスが自分たちの利益のためにアメリカを戦争に引き込んだ」との議論が盛んになされたこともあり、アメリカ国民はヨーロッパの戦争に関わることに極端に警戒心を持つようになっていた。各種の世論調査でも、ヒトラーやナチスに対する嫌悪感や反発は見られたものの、ドイツ国民全体をナチスと同一のものと考えて敵対視するような兆候は見られなかった。ヒトラーに反感を抱き、イギリスに同情的な一部の国民の間でさえ、「参戦する」というのは極端で過激な意見だったのである。

アメリカの、ヨーロッパの戦争に関する公式な立場は、「中立」であった。一九三七年に改定された中立法では、アメリカはいかなる交戦国に対しても武器の供給を禁止されており、交戦国への融資や信用貸付も禁止、さらには交戦中の国の船にアメリカ人が乗船することも禁じられていた。この中立法により、イギリスは兵器はおろか、金すらアメリカから借りることができなかったのである。

またアメリカ国内には、孤立主義や敗北主義が蔓延していた。とりわけ一九四〇年六月にヒトラーがフランスを征服した後は、「イギリスの敗北は時間の問題である」という見方が支配的になっており、敗者の側について参戦しよう、などと考えるアメリカ人はほとんどいなかったのである。

さらにこの孤立主義と敗北主義は、《親ナチス派》による巧妙なプロパガンダにより、さらに勢いを増していた。ナチスのスパイたちが、アメリカの世論をさらに孤立主義・中立主義の方向に引っ張ろうと暗躍し、《親ナチス派》の財界人たちもそれに協力していたからである。ナチスの思惑はきわめて単純で、「アメリカをヨーロッパの戦争に巻き込まないこと」だった。「アメリカが中立を保っているかぎり、ドイツはこの戦争に勝てる」とヒトラーは考えていたのである。

一方、ドイツ・ビジネスにのめり込んでいたアメリカ財界も、アメリカの中立を強く支持していた。理由は単純である。ドイツ財界と親密なビジネス関係を築いたアメリカ財界の一部は、心情的にドイツ寄りになり、単純にドイツと戦争がしたくなかったのである。また米独間に戦争が起きてしまえば、せっかくの莫大な投資が無駄になってしまう。彼らは何よりもこのことを恐れたのかもしれない。

そこでナチスの情報部員や《親ナチス派》のアメリカ財界人たちは、いくつものダミー組織を設立し、アメリカの中立を支持するキャンペーンを展開した。

孤立主義を煽るナチスのプロパガンダ

一九四〇年五月十八日、アメリカ商工会議所のジェームズ・S・ケンパー会長は次のように語っている。「今日のアメリカ経済が抱える最大の関心事は、わが国が外国の戦争に巻き込まれないようにすることです。われわれ財界は、戦争による利益を求めるのではなく、外国の土地に戦闘のためにアメリカ人の若者を送ることに断固反対するべきです」

一見平和主義的なこの発言は、米独貿易委員会という経済団体の会報誌に掲載されたものである。ケンパー会長のこの発言は、当時のアメリカ財界の本音を言い表わしているが、問題はこの発言を掲載した米独貿易委員会という団体である。この団体はケンパー会長のような著名人の発言を巧みに取り入れつつ、「アメリカは参戦すべきではない」、「ドイツに対し感情的になるのではなく、ドイツとの戦闘に参加しないという現実的な道をとるべきである」という中立主義の立場をアピールしつづけていた。

この経済団体の役員やメンバーの顔ぶれを見ていくと、どこかで聞いたことのある会社と関係のある人物ばかりであることがわかる。一九三九年十一月の時点で、米独貿易委員会の役員として名を連ねている中に、ルドルフ・イルクナーという人物がいた。ルドルフの兄マックス・イルクナーは、あのIGファルベン社の諜報部門NW7の長官を務める人物で、このイルクナー兄弟は協力してナチス・ドイツのために情報活動を展開していたのだった。つまりナチスのスパイと言ってよい人物である。またジェームズ・ムーニーも役員に名を連ねている。ゼネラル・モーターズの副社長で、ケネディ駐英アメリカ大使と謀ってヒトラーへの「英米金貨借款」をまとめようと画策したあのムーニーである。ムーニーはナチスのプロパガンダに積極的に協力し、「ドイツは自衛のために戦っているのだ。イギリスを支援するなどとんでもない」とヒトラーが喜びそうなことばかりを一九四〇年八月三日付の『サタデーイブニング・ポスト』紙に書いていた。

また米独貿易委員会の名誉会長を務めていたのは、長年にわたってハンブルク・アメリカ汽船会社のアメリカ側代表を務めたジュリアス・メイヤーであった。このドイツの海運会社は、ドイツの情報機関と緊密に協力していた会社で、第一次世界大戦中にメイヤーは、悪名高きドイツのスパイ、ハインリヒ・アルベルトと連携して動いていた。第一次世界大戦時、ハンブルク・アメリカ汽船のアメリカの事務所は、事実上ドイツの宣伝工作、破壊工作、スパイたちの情報交換の拠点として機能した。このためアメリカの参戦後、アメリカ司法当局は同社の事務所を家宅捜索し、何人かの従業員を逮捕している。そして一九三〇年代、ハンブルク・アメリカ汽船のオフィスは、再びドイツのプロパガンダ組織に早変わりし、アメリカ、ドイツ両国内の親ナチス・プロパガンダを広範に資金援助したのである。

米独貿易委員会はつまり、こうした親ナチス派財界人の集まりだった。この組織は表面的にはドイツとの輸出入業に携わるアメリカ財界人たちの懇談の場であったが、実際には親ナチスの宣伝組織として機能していたのである。

また「経済の平和」を旗印に掲げて一九三九年十一月十日にパリで産声を上げた経済和平委員会も、アメリカの親ドイツ派財界人たちが中心となって作った組織であった。経済和平委員会の委員長にはＩＢＭ社のトーマス・Ｊ・ワトソン社長が就任し、副委員長の一人にはロックフェラー財閥傘下のチェース・ナショナル銀行のウィンスロップ・Ｗ・オルドリッチ頭取が就任した。

ＩＢＭは当時パンチカードとカード選別機の世界市場の九十パーセントを支配していたが、コンピュータの先駆ともいえるこのパンチカードとカード選別システムは、ヒトラーがユダヤ人をシステマティックに「処分」することに多大な貢献をしていた。この便利なシステムのお陰で、ヒトラーの部下たちは魔法のような速さと正確さで、どこの誰がユダヤ人かを特定し、その一人一人にいわば「人間バーコード」を付けていった。ＩＢＭはヒトラー政権からの注文に応じて、ドイツのほとんどの強制収容所で使われる特製システムをリースし、ナチスの職員にこの複雑なシステムの使い方を懇切丁寧に伝授した。こうしてドイツ全土に二千台を超えるカード選別機が出荷され、ＩＢＭは毎年十五億枚ものパンチカードを提供したのである。アメリカの調査ジャーナリスト、エドウィン・ブラックは、「ドイツＩＢＭは、人種絶滅の自動機械化というかつて行なわれたことのないことを、自社のスタッフと設備を用いて設計・実行し、ヒトラーの第三帝国がそれを達成するのに必要不可欠であった技術的支援を提供した」と書いている（『ＩＢＭとホロコースト』小川京子他訳、柏書房、二〇〇一年）。

ナチス・ドイツは、ＩＢＭにとってアメリカ市場についで二番目に重要な顧客となっていたので、ワトソン社長が経済和平委員会を通じてドイツに対する経済的宥和を唱えたのはきわめて自然なことであった。委員会はナチスとの経済的な和平をスローガンとし、「ドイツとアメリカとの貿易はもっと促進すべきだ」と訴えていた。

同委員会副委員長のオルドリッチ頭取も、ロックフェラー・グループの一員と聞けば話は早い。前章ですでに見たように、このアメリカ最大の財閥は、ＩＧファルベンと緊密な関係を築きドイツ寄りになっていた。このような親独派の財界人が中心となった経済和平委員会は、ドイツとの戦争を避けるために、しきりに平和のメッセージをアメリカ国民に流していたのである。

またアメリカで活動したナチスの宣伝組織といえば、忘れてならない組織が三つある。大西洋横断ニュース・サービス、ドイツ情報図書館とドイツ鉄道情報局の三つである。

大西洋横断ニュース・サービスは、ドイツ外務省が考案し実際には宣伝省が運営した通信社で、アメリカではマンフレッド・ツァップ博士の指揮下に置かれた。この通信社はナチス党の方針に百パーセント沿った報道のみを流し、アメリカ国内にあるドイツ大使館や領事館で収集された情報をもとに、ドイツのための宣伝を広めるのがその使命であった。そして全米のドイツ領事館、ドイツ語新聞やアメリカの民間人などに幅広く情報を配信していた。

またドイツ情報図書館は、ニューヨークに本部を置くナチスの宣伝機関の一つで、主にドイツの芸術、文学、科学やその他の文化的な業績を大々的に広める役割を果たしていた。ドイツ宣伝省によって組織されたこの図書館は、ニューヨークのドイツ領事館総領事の指揮下で活動し、『ファクツ・イン・レビュー』誌という影響力のある週刊誌を発行し、多いときは二十二万人もの購読者を有した。購読者は主にアメリカの新聞、雑誌、ラジオ局や一般市民であった。

三つ目のドイツ鉄道情報局は、ドイツ宣伝省と外務省によって設立された組織で、表面的にはただの観光案内所だったが、ドイツを旅行することのすばらしさを宣伝することによって、アメリカ人のドイツに対するイメージを高めることを目的に活動していた。『ドイツからのニュースフラッシュ』という週刊のニュースレターを発行し、発行部数は十二万五千部に達していたという。こうしてドイツ鉄道情報局は、ドイツ観光情報の中にさりげない政治的宣伝を織り交ぜ、非常に高度なプロパガンダ活動を展開していたのである。

この三つのプロパガンダ組織は、米独貿易委員会や有名なアメリカのファシスト、フリッツ・クーン率いるドイツ系アメリカ人同盟などと緊密に連携し、アメリカ中にナチスの宣伝を広めたのである。

またアメリカ第一委員会は、おそらくもっとも有名かつパワフルな孤立主義者の組織であろう。エール大学の二人の学生によって組織されたこの団体は、全国規模の大集会を組織し、アメリカをヨーロッパのごたごたに巻き込まないよう、精力的に活動を行なっていた。このアメリカ第一委員会の看板として全国を遊説したのが、飛行家チャールズ・リンドバーグであった。一九二七年五月二十一日、単葉機スピリット・オブ・セントルイス号でニューヨーク－パリ間五千八百九キロの大西洋横断無着陸飛行に成功し、一躍世界の英雄になったリンドバーグは、強硬な孤立主義者で、親ナチスでもあった。リンドバーグは「ドイツ空軍は世界一強い」と信じて疑わないドイツ・ファンで、ナチスの爆撃機は簡単にパリやロンドンを破壊しつくすことが可能だとの意見を持っていた。このためリンドバーグは「ドイツとは仲良くすべきだ」と考えて、チェンバレンの対独宥和政策を強く支持していた。

ヨーロッパでの戦争が激しさを増してくると、リンドバーグの演説も過激になり、アメリカの中立を守るためにルーズベルト政権に強烈な批判を加えていった。一九四一年九月十一日の演説でリンドバーグは、「アメリカを戦争に引き込もうとしている勢力が三つある。それはイギリス人とユダヤ人とルーズベルト政権だ」と述べた。英雄であり人気者のリンドバーグのこうした発言は、アメリカの世論形成にも大きな影響を与えていた。

このアメリカ第一委員会には、ウォール街の「仕掛人」ジョン・フォスター・ダレスも設立時に関わっており、また彼のジャネット夫人は、同委員会の熱心な支持者であり続けたという。

さらに驚くことに、数多くの反戦・平和団体までがナチスや親ナチス派企業によって密かに支援を受けていた。その代表的なものが、ニューヨークのワールド・ピースウェイズだ。この団体は戦争反対のスローガンを高々と掲げて市民運動を展開し、女性や子供が戦争によって無惨にも被害にあう様子を写真入りのパンフレットで掲載し、戦争の悲惨さと参戦への反対を強く訴えていた。同団体が配布したパンフレットには、「私を戦争に送るのかどうかについて、もう少し慎重になってほしい。私だったらあなたのことを戦場に送ったり、死なせたりするのはまっぴらだし、それに、後でまた間違いを犯してしまったということで後悔したくないから……」というメッセージが記載されていた。

こうした平和のメッセージを大量生産したワールド・ピースウェイズの運動員の多くは、戦争を心から憎む誠実な市民だったにちがいない。しかし彼らの活動資金は、「ヒトラーのもっとも重要な財産」であるＩＧファルベン社から出ていた。第二次世界大戦後にＩＧファルベンに関する詳細な調査を行なったハワード・ワトソン・アンブラスターは、この平和団体と関連のあるラジオ番組が、ＩＧや同社のアメリカのパートナーなどから資金援助を受けていた事実を発見している。平和を求める純粋な市民の願いが、ヒトラーの手先によって悪用されていたのである。

一九四〇年中頃までのアメリカは、とてもイギリスを助けて参戦できるような体制にはなかった。中立法で法的に中立を守らなければならなかったし、何よりも「孤立主義」が蔓延していた。さらにその孤立主義的傾向は、ヒトラーのエージェントや親ナチス派財界による巧みな宣伝工作により、さらに強められていたのである。

しかしアメリカからの援助なしに、イギリスは戦争に勝つことはできない。そこでチャーチルは、「アメリカを戦争に引き込む」ために大がかりな工作を行なうことを決意したのである。

第3章 アメリカを戦争に引き込んだチャーチル

一九四〇年四月九日午前五時、ヒトラーの命令を受けたドイツ軍は、デンマークとノルウェーへの侵攻を開始し、ヨーロッパ大陸における本格的な戦争の幕が切って落とされた。ヒトラーのドイツ軍は破竹の勢いで大陸を席捲し、五月には両国を占領し、すさまじい勢いでオランダとベルギー、それにルクセンブルクをも支配下に治めた。そして五月の終わりまでに、フランスも軍事的敗北の瀬戸際にまで追いつめられ、イギリスは孤立無援でヒトラーの脅威にさらされることになった。

しかしドイツの装甲部隊があと二日でダンケルクに到達し、あと一歩でイギリスの遠征軍を一掃できる地点まで迫っていた五月二十四日、ヒトラーはドイツ機甲部隊の進撃を停止する命令を下した。なぜヒトラーがこのとき進撃停止命令を出したのかは、第二次世界大戦史の謎の一つである。歴史家はさまざまな解釈を試みているが、その一つは「ヒトラーがイギリスとの和平を求めていた」というものである。ヒトラーはイギリスとの戦争は望んでいなかったし、ドイツがイギリスと組んで共産主義ソ連と戦うことを夢見ていたのは確かなことである。実際、攻撃停止命令を出したこの日、ヒトラーは「六週間以内に世界に平和がやってきて、私はイギリスと紳士協定を結んでいるであろう」とのコメントを残している。ヨーロッパ大陸の大半を支配下におさめたヒトラーは、イギリスが和平を願い出るだろうと考えていたのかもしれない。

実際イギリス側にも敗北感が漂い、政権内部にすらヒトラーとの和平を求める声が上がっていた。その和平派の中心になっていたハリファックス外相は、「フランス軍の敗退は事実上戦争の終焉を意味する。今こそ和平交渉により、できるかぎり良い条件を引き出すのが、外務大臣としての務めだ」と考え、イタリアを介して和平交渉を開始しようとしていた。しかしこうした政権内の敗北主義者に対し、一歩も引かずに戦いの継続を主張した人物が、ウィンストン・チャーチル首相であった。チャーチルはハリファックスに対し、「必要ならば一人でも戦い続ける」と宣言し、和平交渉には断固反対の立場を押し通したのだった。

ハリファックス外相があきらめかけたように、イギリス一国でドイツを倒すことは不可能に近かった。しかしチャーチルには一つの戦略があった。一人では戦わない。アメリカを引き込むという戦略である。一九四〇年六月四日、チャーチル首相は下院で行なった演説の中で、「イギリスは断固、最後まで戦い続ける」と語った後、その締めくくりに「神のご都合の良いときに、新大陸がその力をもって旧大陸の救出と解放に乗り出してくるときまで」と語り、新大陸、つまりアメリカ合衆国が、イギリスを助けて参戦する日を待ち望むメッセージを織り込んだ。チャーチル首相は、「最後まで戦い続ける」と力強く宣言してみたものの、アメリカの援助と介入なしに最後まで戦い続けることができないことを重々承知していた。

しかし頼みの綱であるアメリカは、前章で見たように中立法に縛られ、孤立主義に流され、そしてナチスの効果的なプロパガンダ攻勢をまともに受け、とてもイギリスを助けて参戦できるような状態にはなかった。そんな状況の中でチャーチルは、「神のご都合の良いとき」をただひたすら祈り、待ち続けていたのだろうか。

否、この謀略好きなイギリス帝国の棟梁は、そんな柔《やわ》な政治家ではなかった。実はチャーチルはこの頃すでに、「アメリカを参戦させるため」の壮大な計画を実行に移していたのである。

チャーチルのスパイ「イントレピッド」の暗躍

第一次世界大戦前、イギリスはウイリアム・ワイズマン卿というスパイをアメリカに送り、アメリカを戦争に引き込むためのプロパガンダ、情報活動を行なわせたが、チャーチル首相はこの先達《せんだつ》の例にならい、ウイリアム・S・スティーブンソン、暗号名で「イントレピッド」と呼ばれたカナダ生まれの紳士を、アメリカ合衆国に送り込んだ。

「イントレピッド」は当時四十四歳の実業家で、一九三〇年代までに数多くの事業で成功を収めた億万長者であった。彼はしかしたんなるビジネスマンではなかった。商用でヨーロッパ中を飛び回っては、現地でせっせと情報収集をし、イギリスの情報機関に情報を提供する役割も果たしていたのである。

「イントレピッド」が持つ数多くのビジネス利権の中で、情報活動という観点からもっとも重要なものは、自動車のスチール・ボディを製造していたプレスト・スチール社であった。当時、この会社はイギリスの主な自動車メーカーのボディ部分の実に九十パーセントを製造していたというから驚くべき会社である。このスチール・ビジネスを通じて「イントレピッド」は、ドイツがヴェルサイユ条約に違反して大量のスチールを軍事産業向けに転用している事実を突きとめた。この情報はすぐさまイギリス秘密情報部（ＭＩ６）に送られ、チャーチル首相の懐刀デズモンド・モートンが指揮する産業情報部に送られていた。この産業情報部は、後に第二次世界大戦がはじまると、経済戦争省の中核として英国の経済諜報活動の司令塔となった機関である。「イントレピッド」はつまり、ヨーロッパで世界大戦が始まるはるか以前から、イギリス情報機関と緊密な関係を持つ実業家だったのである。

一九四〇年六月二十一日、「イントレピッド」はイギリスの客船ブリタニカ号に乗ってニューヨーク港に到着した。「イントレピッド」の表向きの肩書きはニューヨークにあるイギリス旅券管理局のチーフだった。この旅券管理局とは、両大戦間期にＭＩ６のカムフラージュ組織として、世界中に張り巡らされたイギリス情報ネットワークの出先機関であった。「イントレピッド」の

本当の肩書きは、南北アメリカにおける英情報活動の責任者で、彼に与えられた任務は、
・英秘密情報部MI6とアメリカFBIとの間で可能なかぎり高度な協力関係を築くこと。
・西半球全体における敵国の妨害活動・破壊活動を迎え撃つこと。
・イギリスが戦争を遂行するうえで必要かつ十分な援助を保障すること。
・そして最終的にはアメリカを参戦させること。

であった。「イントレピッド」は有名なロックフェラー・センターにあるRCAビルの三六〇三号室にオフィスを構え、一九四一年一月に新たにイギリス治安調整局（BSC）を設立して本格的な諜報活動を開始した。

「イントレピッド」は「アメリカを参戦させる」という究極の目的のために、スパイを送り込み、郵便物を操作し、電話を盗聴し、プロパガンダ活動を行ない、敵の集会を妨害し、密かに新聞、ラジオやさまざまな組織に資金を投入して情報を操作し、偽造文書を捏造する等々、ありとあらゆる活動を展開していくわけだが、その活動を全面的にサポートしてくれるアメリカ人に恵まれた。他ならぬルーズベルト大統領である。ルーズベルト大統領は強硬な反ナチス思想の持ち主で、「イギリスを助けるためにできるかぎりの援助をしたい」と考えていた。そこで大統領は、「イントレピッド」の活動をサポートするために惜しみない援助の手を差し伸べたのである。

ルーズベルト大統領は「イントレピッド」支援の一環として、J・エドガー・フーバーFBI長官に対し、「英情報機関の活動に全面的に協力するように」との指令を出している。これによ

り「イントレピッド」は早くもFBIとダイレクトな協力関係を築くことに成功したのである。なんといってもアメリカの大統領とその治安当局が協力してくれるのだから、こんなに頼もしいことはない。

もう一人、「イントレピッド」のパートナーとして重要な人物がいた。アメリカ情報機関のトップ、ウイリアム・ドノバンである。ルーズベルト大統領は一九四一年六月十八日に情報調整局（COI）を設置してドノバンを長官に任命した。COIはその後、戦略情報局（OSS）を経て、第二次世界大戦後に中央情報局（CIA）へと発展するアメリカ中央情報機関のもっとも初期の組織だが、このCOIのドノバン長官が「イントレピッド」とパートナーシップを築いていたのである。このドノバンの情報機関は、アメリカ国内ではフーバーのFBIとライバル関係にあり、この二人は第二次世界大戦中を通して熾烈な争いを展開するわけだが、「イントレピッド」との協力関係という点でいえば、この三者は奇妙な三角関係にあったことになる。

面白いことにこのCOIには後に、ウォール街の「仕掛人」の一人アレン・ダレスも加わっている。一九四一年十月に、ダレスはCOIのマンハッタン支部長に任命されているのである。ダレスは二〇年代以降ドイツ・ビジネスに深く関わり、彼のクライアントの多くはナチス・ドイツと取引を続ける企業ばかりだった。「イントレピッド」が敵視していたアメリカ企業と関係の深いアレン・ダレスを、「イントレピッド」と協力関係にあるはずのCOIに入れたのは不可解なことのように思える。実際エレノア・ルーズベルトは大統領である夫に対し、「アレンは、アメリカの参戦後にナチスの利権を密かに代表するであろうシュレーダー銀行との関係が深い」と述べて、アレン・ダレスの任命に強い懸念を表明していた。実はルーズベルト大統領はこの点を十分わきまえたうえでダレスをCOIに引き入れたのだった。ダレスはナチスと取引を続けるアメリカ企業との関係が深かったので、ルーズベルトはダレスを「イントレピッド」の目の届くところに置くことで、イギリス情報機関にアメリカ国内の親ナチス勢力の動きを監視させようと考えたのである。ダレスはロックフェラー・センターの二十五階にオフィスを与えられたが、この同じ建物には盗聴機器を取り揃えた「イントレピッド」のオフィスがあった。またダレスの部下にはアーサー・ゴールドバーグというルーズベルトの個人的なスパイが送られ、ダレスの動きを逐一ルーズベルトや「イントレピッド」に報告するようになっていた。

一九四〇年から一九四一年十二月までの中立国アメリカでは、すでに数多くのスパイたちが入り乱れ、諜報戦という水面下での戦いの火花が散らされていたのである。

スパイを支えたアメリカのメディア

活動を開始した「イントレピッド」は、ニューヨークの社交界に華々しくデビューし、持ち前の気さくな人柄で社交の輪を広げ、諜報工作に役に立つ人々とまたたく間に親密な協力関係を築いていった。当時、「アメリカを参戦させる」という目的のためにもっとも重要なことは、「ヨーロッパの戦争に巻き込まれたくない」というアメリカの世論を変えることだった。そこで「イントレピッド」は特にメディア関係の人々と親密な関係を築くことに重点を置いた。

戦後公開されたイギリス治安調整局（ＢＳＣ）の資料によれば、「イントレピッド」のプロパガンダ作戦に協力したアメリカのメディア関係者は以下に記すような大物ばかりだった。

・『ニューヨーク・ポスト』紙の社主ジョージ・バッカー
・『ＰＭ』紙の編集者ラルフ・インガルソール
・『ニューヨーク・ヘラルド・トリビューン』紙の社主ヘレン・オグデン・ライド
・『バルチモア・サン』紙の社主ポール・パターソン
・『ニューヨーク・タイムズ』紙の社長Ａ・Ｈ・ザルツバーガー
・新聞のコラムニスト、ウォルター・リップマン
・新聞のコラムニスト及びラジオ・コメンテーター、ウォルター・ウィンチェル
・「ワシントン・メリーゴーランド」という有名な新聞コラムの執筆者ドリュー・ピアソン

『ニューヨーク・ポスト』紙の社主ジョージ・バッカーは、一九三〇年代にルーズベルト大統領の選挙を手伝ったことがあり、同大統領とは旧知の仲だった。また三〇年代にはナチスの迫害を逃れて渡米してきた多くのユダヤ人たちを支援する活動をしたこともあり、心情的に非常にユダヤ寄りであった。ユダヤ人やユダヤ人に同情的な人たちが、反ナチス運動に積極的だったのは言うまでもない。「イントレピッド」はジューイッシュ・テレグラフ・エージェンシーというユダ

ヤ人向けのニュース配信社とも協力関係を築き、反ナチス・キャンペーンを展開していった。

一方、同じユダヤ人でも『ニューヨーク・タイムズ』紙のザルツバーガー社長は、自分の会社の記者たちがイギリス情報機関に使われることを必ずしも快く思っていなかった。しかし「イントレピッド」をはじめとするイギリス情報部員に、「反ユダヤ主義のヒトラーと戦っているイギリスを助けるのはユダヤ人の当然の義務ではないか」とつめ寄られ、しぶしぶ協力させられたという。ザルツバーガー社長はこのときばかりは、自身の出自を恨んだと伝えられている。

またコラムニストのウォルター・リップマンは、義理の兄弟がイギリス情報機関で働いていたこともあって、「イントレピッド」のプロパガンダ作戦に全面的に協力した。それどころかリップマンは、一九四〇年初頭にイギリス情報機関に対して「アメリカの孤立主義者を攻撃する秘密作戦をやるべきだ」と提案していたというから、「イントレピッド」の到着以前からプロパガンダに手を染めたくてうずうずしていたのだろう。

このようにその熱意に多少の温度差はあったものの、ニューヨークの代表的な大新聞や著名なコラムニストたちが、「イントレピッド」の秘密作戦に参加し、「アメリカを参戦させる」ための世論操作に協力したのだった。

ドイツ大使館員ウェストリック追放作戦

「イントレピッド」とフーバーFBI長官は、ルーズベルト大統領の指示に従って協力関係を進めるうちに、あるドイツ人スパイに関する情報を入手した。この人物の名はゲアハルト・ウェストリック。この人物、表向きはドイツ大使館の商務官という肩書きを持っていたが、実際にはリッベントロップ独外相の個人的なエージェントとしてアメリカに送り込まれたスパイだった。

「イントレピッド」たちがウェストリックに目をつけた最大の理由は、このドイツ人スパイが、アメリカ財界に驚くほど広範な人脈を持っていたことである。ウェストリックはアルバート＆ウェストリック法律事務所の共同経営者を務め、一九二〇年代にアメリカ企業のドイツ投資を仲介・アドバイスしてアメリカ財界に幅広いネットワークを築いていた。このアルバート＆ウェストリック法律事務所は、ウォール街のサリバン＆クロムウェル法律事務所と取引関係があり、実際ウェストリックはダレス兄弟と連携して米独ビジネスを仲介していた。ダレス兄弟がアメリカ企業を代表し、一方のウェストリックがドイツ企業の代理として数々の取引をまとめていったのである。ウェストリックはITT社のソスシーンズ・ベーン社長とも関係が深く、ちょくちょくニューヨークのプラザ・ホテルにベーン社長のつけで泊っていた。

ウェストリックはこの一九四〇年時点で、ITT社の全ドイツ子会社の取締役を務め、アメリカの大手石油会社テキサコ社のドイツ市場における代理人も務めていた。ウェストリックはテキサコの石油をドイツ海軍に売る契約を結び、さらにヘルマン・ゲーリングの空軍ともテキサコ石油の販売交渉を進めていた。

リッベントロップ外相のスパイとしてアメリカに渡ったウェストリックは、ヘンリー・フォードをはじめとするアメリカ財界の大物と次々に接触し、以下のメッセージを伝えて歩いた。「イギリスへの援助をストップして中立を保ってほしい。そうすれば戦争は三カ月で終わる。その代わりドイツがイギリスを倒した際には、ヨーロッパ大陸における商業利権を優遇することを約束する」

「イントレピッド」たちがウェストリックの活動に目を光らせたのも無理はない。そしてまもなくスパイたちはウェストリック追放作戦を実行に移した。「イントレピッド」はまず、『ニューヨーク・ヘラルド・トリビューン』紙のオーナー、ヘレン・オグデン・ライドのもとを訪ね作戦への協力を求めた。その後に実際に起きたことから推測すると、このときおそらく次のような会話がなされたのだろう。

「ヘレンさん、一つ頼みがあるんだ。ウェストリックというナチスのスパイを追い出したい。協力してくれないだろうか」

「わかりました。うちの記者に記事を書かせましょう。情報を下さい」

それから数日して、「ヒトラーのスパイがアメリカ企業をそそのかしている」というセンセーショナルな見出しが連日のように『ニューヨーク・ヘラルド・トリビューン』紙上に現われ、ウェストリックを糾弾するメディア・キャンペーンが展開されたのである。同時に「イントレピッド」の部下たちは、せっせと脅迫状を書いてウェストリックに送りつけ、いたずら電話を一日中かけまくった。また抗議デモをする人間を雇って連日ウェストリックの家の前で抗議行動を起こさせた。とうとう家主が耐えきれなくなってウェストリックは引っ越しを余儀なくされる。さらに「イントレピッド」はおそらくはＦＢＩのフーバー長官の助けを借りて警察にも手を回し、ウェストリックの運転免許証を無効にし、その活動を封じ込める作戦に出たのだった。

結局こうした「イントレピッド」たちの謀略が功を奏し、一九四〇年八月、ウェストリックは国務省の要請に従ってアメリカを去って行った。

反ハミルトン・フィッシュ・キャンペーン

また「イントレピッド」は、アメリカ議会において影響力を行使する孤立主義者の議員たちにもさまざまなプロパガンダ攻撃を加えていった。イギリスのスパイたちの総攻撃を受けた代表的議員はニューヨーク選出の共和党議員ハミルトン・フィッシュである。一九三〇年代の後半、ハミルトン・フィッシュは下院外交委員会の重鎮としてアメリカの外交政策を孤立主義的な方向に向ける推進力となっており、イギリスを助けたいルーズベルト大統領の頭痛の種になっていた。「イントレピッド」たちが、フィッシュを議会から追放するための具体的な工作を開始したのは一九四〇年の秋であった。スパイたちは「ハミルトン・フィッシュを倒すための超党派委員会」というダミー組織を設立し、反フィッシュ・キャンペーンを開始した。キャンペーンの一環としてパンフレットが作成されたが、その中にはアドルフ・ヒトラーやリッベントロップ外相、それからアメリカの有名なファシストで投獄されたフリッツ・クーン等の写真が掲載され、特にフィッシュとフリッツ・クーンの写真は犯罪者のごとく非常に写りの悪いものを使った。このパンフレットは「ハミルトン・フィッシュは親ナチスか」と題した記事を載せ、フィッシュがあたかも悪名高いファシストのフリッツ・クーンと親交のある親ヒトラー派であるかのように書かれていた。

また「イントレピッド」たちは仲の良い大手メディアに反フィッシュ・キャンペーンを依頼した。すると一九四〇年十月初頭、ザルツバーガー家の『ニューヨーク・タイムズ』紙が、スパイたちが展開しているフィッシュを倒すための運動を支持する論陣を張り、いつもは共和党支持を打ち出す地元の『ミドル・タウン・ヘラルド』紙まで、フィッシュの相手候補を支持するよう紙面で呼びかけはじめたのだ。さらに地元の産業労働委員会が、「フィッシュの政策は独裁者の国々を直接援助するためのものだとしか解釈できない」として非難をはじめたのである。極めつきは一九四〇年十月二十一日に、スパイたちと連携する有名なコラムニスト、ドリュー・ピアソンとロバート・S・アレンが書いた「ワシントン・メリーゴーランド」というコラムであろう。この親英派のコラムニストたちは、「ナチスがフィッシュを資金援助している」ことを匂わせるコラムを書いたのである。もちろんそんな事実はなかったのだが、このコラムはフィッシュへの信頼を喪失させるのに十分なインパクトを有権者たちに与え、選挙直前の激震《オクトーバー・サプライズ》となった。

結局この一九四〇年の選挙でハミルトン・フィッシュは何とか生き残ることができたが、二年前の選挙の半数に満たない九千票しか獲得することができず、ぎりぎりの当選だった。スパイたちの攻撃はこの後も執拗に続いた。日本の真珠湾攻撃によりアメリカが参戦した後でも「イントレピッド」たちは孤立主義者たちを根絶やしにしようと努めた。戦後のイギリス経済復興のためにアメリカの援助が必要であることを見込んだ賢いイギリス人たちは、将来にわたってイギリスの利益に反する人物を政界から排除しようと考えたのである。結局「イントレピッド」たちの反フィッシュ・キャンペーンは、一九四四年の選挙でフィッシュが落選するまで継続されたのである。

このようなスパイたちによる孤立主義者への攻撃は、ハミルトン・フィッシュに止まらなかった。孤立主義者として知られたモンタナ州選出の上院議員バートン・ウィーラーやサウス・ダコタのジェラルド・ナイ議員は共に、「イントレピッド」たちのプロパガンダの餌食になり落選の憂き目に遭った。いずれも外部からの莫大な資金と援助が敵対候補に集まり、選挙の直前に何やら不正に関する糾弾が起こり、何者かによる悪意に満ちた攻撃があり、選挙区内に「彼らが不実な政治家だ」と告発する暴露本が配布される、といったまったく同じパターンで落選に追い込まれているのだ。

カナダで撮影された「ナチスの残虐行為」

このほかにも「イントレピッド」たちは、さまざまなダミー組織を設立して孤立主義者や親ナチス派に徹底的な攻撃を加え続けた。無党派反ナチス連盟、人権保護連盟、民主主義の友、自由のための闘争委員会、イギリス労働者を支援するアメリカ労働者委員会、連合国支援によるアメリカ防衛委員会（通称ホワイト委員会）などが、「イントレピッド」と連携して活動した団体として記録されている。

この中でももっとも過激だった自由のための闘争委員会は、メディアをフル活用してアメリカの孤立主義者や親ナチス派を糾弾するキャンペーンを展開した。特に彼らは自動車王ヘンリー・フォードや、アメリカ第一委員会で活動していた飛行家チャールズ・リンドバーグ等の有名人に的を絞った。「ヘンリー・フォードはヒトラーのスピーカーだ」、「フォードはヒトラーに頼まれて反米プロパガンダを行なっている非国民だ」、「リンドバーグはすでにヒトラーによってアメリカの『総統』に選ばれた危険人物だ」などといった内容のセンセーショナルな記事が紙面に踊り、またパンフレットがばらまかれたのである。

「イントレピッド」はまた、ボストンに拠点を置く短波ラジオの放送局ＷＲＵＬにも資金援助を行なった。このラジオ局は、強力な五万ワットの短波送信機を持ち、世界中に多くのリスナーを抱えていた。「イントレピッド」は密かに毎月WRULに資金援助をし、この放送局をイギリスのプロパガンダの道具に変身させた。そして『ニューヨーク・ヘラルド・トリビューン』紙等の大新聞と同様、このラジオ放送局も反ナチスのプロパガンダ放送を大量に流すようになった。

「イントレピッド」たちがアメリカの世論を変え、「イギリスを助けて参戦しよう」という風潮を作り出すには、イギリスと戦っているナチス・ドイツの残虐性をことさら強調してアメリカ国民に訴える必要があった。「イントレピッド」のイギリス治安調整局（BSC）は、協力関係にある新聞やコラムニストを通じて、「いかにナチスが占領地で残虐であったか」というような内容のニュースを無数に配信し、キリスト教徒のアメリカ人の同情を得るために、「ナチスが教会や修道院を破壊している」といった内容のニュースも多数流し続けた。しかしこうしたニュースの中には、まったく事実にもとづかず、はじめからイギリスの情報機関によって捏造されたものも多く含まれていた。

アメリカでのプロパガンダ作戦を展開する際に、「イントレピッド」たちは一つ現実的な問題に直面した。ナチスの残虐行為を宣伝するために必要な写真が圧倒的に不足していたのである。この問題を解消するためにどのような解決策がとられたのだろうか？

アメリカの歴史学者トーマス・E・マールが、最近公開されたイギリスの外交文書のBSCのファイルの中から、次の興味深い書簡を発見した。「イントレピッド」たちの問題を解決するために、イギリスの特殊作戦部（SOE）のエリック・マーシュウィッツが次の書簡を送っていたのである。書簡の日付は一九四一年十一月二十六日となっている。

「心配には及びません。私の部署ではカナダで残虐行為の撮影を行なっていますから、簡単にしかも定期的に残虐な写真を提供することができます」

いわゆるやらせ写真がＳＯＥによって大量生産され、それがアメリカの「イントレピッド」のもとに送られ、「ナチスの残虐行為」として全米のメディアに配信されていたのである。

チャーチルがハリウッドに送ったスパイ、アレキサンダー・コルダ

チャーチルは、「イントレピッド」のほかに、ハリウッドという強力な味方も持っていた。アメリカの世間一般とは違い、ハリウッドにはすでに第二次世界大戦の勃発前から、ナチスに対する嫌悪感が広まりはじめていた。

一九三六年に、ワーナー・ブラザース社のベルリン・スタジオの代表ジョー・カウフマンが、ナチスの荒くれどもの無差別襲撃に遭い、そのときの負傷がもとで死亡するという悲惨な事件が発生した。ワーナーはこの事件に激怒し、反ナチス映画の製作にとりかかった。ワーナーはフーバーＦＢＩ長官の助けも借りて『あるナチ・スパイの告白』という映画を製作した。この映画ではエドワード・Ｇ・ロビンソンがアメリカにおけるドイツの地下宣伝スパイ組織に潜入していたＦＢＩ捜査官の役を演じた。この映画は一九三九年に公開されたが、「ハリウッドが製作した初

のあからさまな反ナチス映画」として話題を呼んだ。ドイツ政府はアメリカ国務省に対して抗議の申し立てをし、親ナチス組織のドイツ系アメリカ人同盟も、ワーナー社に対して五十万ドルの損害賠償を求める訴訟を起こすなど、さまざまな反響を呼んだ映画だった。このときジャック・ワーナーや製作担当重役のハル・ウォリス、それにプロデューサーのロバート・ロードと主演のエドワード・G・ロビンソンは、それぞれ脅迫状を送りつけられたという。

こうした状況下にもかかわらず、果敢に反ナチス闘争を開始したフリーの映画プロデューサーがいた。ウォルター・ウェンジャーである。一八九四年に生まれたウェンジャーはユダヤ人の両親を持っていたが、自身は第二次世界大戦の頃までに米国聖公会に改宗していた。ウェンジャーは若い頃から、「映画が人々を教育するための強力な道具になりうる」と考えていたというから、政治的プロパガンダ映画を作る素養は若い頃からあったのかもしれない。一九三〇年代を通じてウェンジャーの映画は、明らかに政治的なメッセージを多く含んでいた。一九三八年製作のスペイン市民戦争に関する映画『封鎖』は、反戦基調とファシズム批判を微妙に織りまぜた作品だった。この直後、ウェンジャーはハリウッド反ナチス同盟という反ナチス運動の中心的人物として、ハリウッドの反ナチス化に尽力する。ウェンジャーの熱心なキャンペーンの結果、一九三八年までに五千人にのぼるハリウッドの映画製作者、作家、技術者たちがハリウッド反ナチス同盟へ入会した。

こうしたハリウッドの反ナチス傾向に拍車をかけるため、チャーチルは一九四〇年の夏に、イギリスの映画プロデューサー、アレキサンダー・コルダをハリウッドに送り込んだ。これまでコルダの正体に関してはさまざまな説があったが、歴史学者のトーマス・マールが、イギリス政府の公式文書をもとに「コルダ＝スパイ説」を学術的に証明している。それによるとコルダは、英独間で戦争がはじまった直後にチャーチルとイギリス情報機関の幹部に呼ばれ、ハリウッドでプロパガンダ映画を製作するよう直接要請を受けている。

「いかにもプロパガンダっぽいやつじゃだめだ。愛国主義的な雰囲気を醸《かも》し出しながら、それでいて巧みにイギリスの立場を代弁するような映画を作ってほしい」とチャーチルは具体的に指示を出した。チャーチルの大の親友でもあったコルダは、実は一九三〇年代からイギリス情報機関とは親密な関係にあった。当時、イギリス秘密情報部（ＭＩ６）は、敵国スパイの浸透に備えるため、Ｚネットワークという別の諜報網を作っていたが、コルダはこのときＺネットワークのためにスパイをリクルートする仕事をしていた。またコルダのロンドンにある映画会社を、Ｚネットワークのエージェントたちの活動拠点として提供していた。このように明らかにイギリス情報機関の一員であるコルダが、一九四〇年にイギリス政府からハリウッドに派遣されたのであった。ハリウッドにおける映画プロパガンダの大量生産を予感させる出来事だった。

実際、新しい反ナチス映画のブームが、一九四〇年の秋頃からはじまっている。その中でももっとも重要な作品が、一九四〇年八月の最終週に封切りとなったウォルター・ウェンジャー製作、アルフレッド・ヒッチコック監督の『海外特派員』であろう。これは反ナチス活動家のウォルター・ウェンジャーが音頭をとって製作した映画である。ウェンジャーは一九三六年にヴィンセント・シーアンの回想録『パーソナル・ヒストリー』の映画化権を一万ドルで買いとり、これをもとに反ナチス映画の傑作を作るという構想を練り続け、巨匠ヒッチコックと組んで実現したプロジェクトである。

ヒッチコックにとってはハリウッド二作目の作品にあたるが、ヒッチコック自身もこの作品の政治的な意味を十分わきまえて監督を務めている。ヒッチコックはハリウッド入りする前に、イギリス保守党の二人のプロパガンダ・スペシャリストから「イギリスの利益となる」映画を作るよう指示を受けている。一人は保守党本部広報部長のパトリック・ガワー卿、もう一人はイギリス映画協会の会長で保守党員だったオリバー・ベルである。こうして巨匠ヒッチコックもまた、政治的プロパガンダ映画であることを承知で『海外特派員』の製作に挑んだのであった。

この映画は、ニューヨークの犯罪を担当していた新聞記者ジョニーが、戦争の「犯罪」を取材するためにヨーロッパに派遣され、そこで多くの異常な出来事に遭遇するという物語である。ジョニーの最初の仕事は、国際平和条約を提案するオランダの政治家ヴァン・メイアと、イギリスの平和運動家フィッシャーを取材することだった。しかし取材するはずのヴァン・メイアがジョニーの目の前で暗殺され、事件は意外な方向に進んでいく。犯人を追うジョニーは、殺された人物がヴァン・メイアの替え玉で、本物のメイアは何者かに監禁されている事実を突き止める。こうしてジョニーは国際的な陰謀に巻き込まれ、命を狙われる身となる。ジョニーは命がけの取材を通じて平和運動家フィッシャーの娘と恋に落ちるが、実はこのフィッシャーがメイア誘拐事件の黒幕で、ナチスのスパイのボスだったことが判明する。スリリングでテンポのよい展開は、観る者をグイグイと物語の中へ引き込んでいく。ジョニーはこのメイア誘拐事件の全容を明らかにし、特だねをアメリカに打電し、一躍有名記者になる。そしてラストシーンでジョニーは、爆弾が炸裂し、照明も消えかかるロンドンの放送局からアメリカへ向けて次のメッセージを語りはじめる。

「灯《あか》りが消えて読めませんが、放送を続けます。これはロンドンに迫る死の爆音です。家や街に爆弾が降り注いでいます。スイッチを切らないで下さい。私は今暗闇に立ち尽くすのみです。灯りがともっているのはアメリカだけです。灯りを消さぬよう鋼鉄で覆いをし、銃で取り囲んでください。海軍と空軍で守ってください。アメリカの灯りは世界に残された唯一の希望です」

いかにもとってつけたような政治色の強いこのラストシーンにはわけがある。ちょうどこの映画の製作中に、「イギリスにはじめての爆弾が落とされた」というニュースがアメリカに入ってきたため、ウェンジャーが最後の部分を書き改めたいと言い出し、急遽このメッセージが付け加えられたのである。

この映画を通じてウェンジャーとヒッチコックは、アメリカの中立政策をきびしく批判し、アメリカ大衆に対しイギリスを助けて立ち上がるよう強く訴えたのであった。この映画のプロパガンダ効果は絶大だった。ナチスの宣伝相ゲッペルスでさえ、この映画を「プロパガンダの最高傑作」と評して舌を巻いた。

ウォルター・ウェンジャーはさらに、『果てなき船路』の中でも反ナチス・メッセージをふんだんに織り込んだ。この映画では、ジョン・ウェインが愛すべきスウェーデン人の船乗りを演じ、ドイツの魚雷によってこの船乗りの帰郷への夢が打ち砕かれる悲劇を描いた。二十世紀フォックスもその秋に、二本の反ナチス映画、『ナチスと結婚した私』と『四人の息子』を発表し、MGMも同様に『脱走』、『モータル・ストーム』を公開した。チャーリー・チャップリンが有名な反ファシズム映画『チャップリンの独裁者』を発表したのも、ちょうどこの時期だった。

親ナチス派、孤立主義者のハリウッド攻撃

ハリウッドのこのいちじるしいイギリス側への偏向は、親ナチス派やアメリカのヨーロッパへの関与を嫌う孤立主義者にとって目に余るものだった。彼らとしてもこのまま黙って見ているわけにはいかなかった。彼らの反撃の幕は一九四一年八月に切って落とされた。孤立主義者だったノースダコタ州選出の上院議員ジェラルド・ナイが、「ハリウッドはアメリカにおける戦争熱に火をつけ、国家を滅亡の危機に陥れることを望んでいる」と語り、ハリウッド攻撃を開始したのである。ナイ議員は、「映画会社が抱えている監督の多くは、ソ連、ハンガリー、ドイツ、バルカン諸国からやってきた連中だ。……彼らは外国の主義主張に関心を持っている」とハリウッド

の外国出身者、特にユダヤ人を攻撃しはじめた。モンタナ州選出の民主党員でアメリカ第一委員会の主要メンバーだったバートン・ウィーラー上院議員も、「映画産業がルーズベルト大統領と謀り、アメリカ国民を戦争に巻き込むための激しい宣伝活動を行なっている」と語り、ハリウッドとルーズベルトの陰謀説を唱え出した。

追及はさらに政治レベルにまで発展する。アイダホ州選出のD・ワース・クラーク上院議員が、上院の小委員会において、戦争煽動映画と言われる作品を徹底的に調査するよう呼びかけたのである。そして九月九日には、映画プロパガンダに関する上院小委員会の第一回会議が召集された。ナイ議員は同委員会の議長を務め、また、自身証人としても発言した。ナイ議員はとりわけワーナー・ブラザース社を非難し、「製作者がユダヤ人だから大戦に干渉することに夢中なのだ」と言い放った。ナイは続けて、「この民族の利益が、必ずしもアメリカ外交の利益になるわけではないのだ」とユダヤ人を痛烈に批判する論を展開した。

そして一九四一年九月二十五日には、ハリー・ワーナーみずからが証人として委員会に出席し、戦争煽動者としての非難をすべて否定し、彼の愛国心とナイ議員の無知について語った。ナイ小委員会はまた、チャーチルのスパイ、アレキサンダー・コルダも一九四一年の十二月十二日に証人として召喚する予定でいた。もしこの証人喚問が実現していれば、イギリス情報機関とコルダの関係、そしてそのアメリカにおける活動の一端が暴露されていたかもしれなかった。

しかし、十二月七日（日本時間八日）に起きた出来事がすべてを変えた。日本軍が真珠湾を攻撃したこの日以降、アメリカ合衆国全体が、ハリウッドの仲間入りをして戦争に突入していったからである。

日米交渉決裂の裏でチャーチルがしたこと

日本軍による真珠湾への奇襲攻撃は、第二次世界大戦史の中でももっとも白熱した議論がなされ、数多くの研究論文や書物が書かれたテーマの一つであろう。多くの歴史家や評論家たちが、「ルーズベルト大統領は日本の攻撃計画を事前に知りながら、あえて攻撃をやらせた」、それはイギリスを助けてドイツとの戦争をするためで、「日本との戦争をうまく使って裏木戸から参戦しようとしたのだ」と信じている。このいわゆる「ルーズベルト陰謀説」は跡を絶たず、最近でもロバート・B・スティネットが『真珠湾の真実』（妹尾作太郎訳、文藝春秋、二〇〇一年）を発表し、「陰謀説」の決定版として一部でもてはやされた。しかし同書は秦郁彦編『検証・真珠湾の謎と真実』（PHP研究所、二〇〇一年）で徹底的な批判を受け、完全に論破された感がある。

日米開戦にいたる過程でもっとも重要な日の一つが、一九四一年十一月二十六日だったことには、歴史家の間でも異論はないだろう。この日にアメリカの対日政策が一転し、同国が事実上の最後通牒といえるハル・ノートを日本側に提示し、日米の決裂が決定的となったからである。アメリカがなぜこの日に対日政策を転換したのかについては、いまだに歴史家たちの間で意見が分かれており、これは第二次世界大戦史のミステリーの一つとされている。実はこの突然の外交政策転換の裏に、チャーチルの存在があったとする説がある。日本ではあまり注目されていないが、イギリスの歴史家ジョン・コステロが『真珠湾、クラーク基地の悲劇』（左近允尚敏訳、啓正社、一九九八年）の中で、日米交渉決裂に関してチャーチルが果たした役割について、きわめて重要な事実を明らかにしているのだ。チャーチルがアメリカを一刻も早く戦争に引き込むために莫大な労力を費やし、懸命に秘密作戦を展開していたという文脈から考えると、このコステロの書は示唆に富んでいる。いったいチャーチルは日米交渉を決裂させるためにどんな役割を演じたのだろうか？　主に同書を参考にしつつ順を追って見ていこう。

まず一九四一年七月までに、アメリカの太平洋防衛の最前線が、ハワイからフィリピンに移されていた事実を確認しておく必要があるだろう。アメリカは当時、大西洋と太平洋で同時に増大しつつあった脅威、つまりドイツと日本の脅威にどのように対処するかに頭を悩ませていた。アメリカ海軍はもともと一つの大洋戦を戦うことを想定して編成されており、両大洋で同時に戦争が起きることは想定外だったからである。そこでルーズベルト政権は、海軍力を大西洋に集中し、太平洋では日本に対し防衛的な態勢を整える「ヨーロッパ第一主義」の戦略を採用していた。そして太平洋方面で日本のさらなる拡大主義を抑制するために、フィリピンを増援することが決定されたのである。とりわけこの七月には、日本軍がインドシナへ侵攻したとの情報がワシントンに届き、ルーズベルト政権は日本に貿易制裁を加える決定を下していた。この制裁により日本への石油の禁輸措置がとられ、日本軍が蘭印の石油資源を武力で占領する危険が高まったため、アメリカにとりフィリピンの増援は急務となっていた。

しかしよく言われるように、ルーズベルトはこうした措置により日本を追いつめ、アメリカに攻撃を仕掛けるように仕向けたわけではなかった。ドイツとの戦争に集中するため、フィリピン増援により日本の行動をあくまで「抑止」しようと考えていたのである。日本を対英米蘭戦へと導いた原因の一つである石油の禁輸に関しても、ルーズベルトは全面的な禁輸が日本を窒息死させることを心得ていたので、低品位ガソリンについては三十六年のレベルで供給を続けるつもりでおり、わざわざ野村吉三郎駐米大使を呼んで「石油は完全に断つわけではない」と保障までしていた。

ところがルーズベルト政権内の対日強硬派、とりわけイックス内務相とアチソン国務次官が禁輸措置を運用面で勝手に強化し、事実上の石油全面禁輸をスタートさせていたのである。輸出許可制度を管轄する立場にあったイックスとアチソンは、財務省の役人たちに、日本側の提出した書類にいちいち文句をつけるように命じたため、実質的に石油の全面禁輸措置が開始されてしまったのであった。

ルーズベルト大統領が日本を追い込むことを望んでいなかっただけでなく、アメリカの軍部も早期の日本との対決は避けたがっていた。理由は単純でフィリピンがあまりにも脆弱だったためである。フィリピンの防衛体制が最低限整うのは早く見積もっても一九四一年十二月の中旬。それまでは、否、できれば翌年の一月か二月まで日本に対し適当な「アメ」を与えて交渉を引き延ばし、フィリピン増援を完了させるというのが、アメリカ陸海軍の狙いであった。しかし政権内の一部の強硬派が石油全面禁輸を勝手にスタートさせたため、アメリカは軍事的な準備が整わないうちに、外交的に相手を追いつめるという矛盾した政策を推し進めることになったのである。

当時日本は石油供給の九十八パーセントをアメリカに依存していたため、アメリカの対日石油全面禁輸は大変な打撃だった。日本政府はアメリカと交渉による解決策を見出したいと思っていたが、もし交渉で妥協点が見出せなかった場合には、対英米戦争というリスクを負っても蘭印の石油をとりに行くことを決定せざるをえなかった。そして日本政府は、日米交渉完了の期限を十一月二十五日に設定し、この日までに何らかの合意が得られない場合、翌日には攻撃部隊が真珠湾攻撃のために出撃することになったのである。

こうした日本政府の決定を受けて、日米交渉は一九四一年十一月に入り、新たな局面を迎えた。十一月四日、野村駐米大使は、「交渉の重要性」にかんがみ、外交官である来栖《くるす》三郎をワシントンに派遣するとの指示を東京から受けとった。その通知には、現在の交渉が行きづまったときには、「両国の関係は大混乱の瀬戸際になる」と記されていた。

実はアメリカはこうした東京と駐米日本大使館の間のやりとりを知りうる立場にいた。よく知られているように、アメリカは日本政府が各国大使館との間の外交通信用として使用していた暗号を解読することに成功しており、一九四〇年十月以降、日本の最高機密の外交電報を読んでいた。アメリカ陸軍はこうした日本の外交電報から得られた情報をコードネームで「マジック」と呼んでいた。この月に入ってからの「マジック」は、日本側がいかに差し迫った危機的な状況にあるかを、繰り返し伝えていたのである。

十一月五日に東京から送られた電報は、日本政府からアメリカ側に提示する二つの提案を含んでいた。それによるとA提案は、日本が「恒久的な解決として受け入れられる条件」を記したもので、野村大使はこの提案を「もっとも早い時期に」アメリカ側に提示するよう指示されていた。というのも「早さが絶対的に重要な要素」だからであった。もう一つのB提案はアメリカとの暫定協定案で、「日米間の見解にいちじるしい相違がある場合」に提示することになっていた。東京は再び野村大使に「状況は危機的であり、二つの提案はアメリカとの解決に達するうえでの政府の最終提案である」と念を押して警告していた。この急報はさらに、「この協定のためのすべての準備を、今月二十五日までに完了させなければならない。いかなる遅れも許されない」と伝え、デッドラインが刻々と迫っていることを強調していた。

決定されていたはずの「日本との妥協」

十一月六日、野村大使からA提案を受けとったとき、ハル国務長官はすでに「マジック」情報から、日本側が暫定協定のためのB提案を用意していることを知っていた。ハルはまた日本政府が交渉の期限を二十五日と設定したことも承知していた。日本側がいらだつ中、ハルは時間かせぎをしてなかなか返事をせず、日本がB提案を出すのをじっくりと待った。いらだつ東京は十五日、野村、来栖両大使に「A提案を断念し暫定協定のためのB提案を準備する」よう指示を出した。この指示を受けて両大使は十七日にホワイトハウスを訪れ、ハル、ルーズベルトと会談するが、この会談は両大使だけではなくハルやルーズベルトにも暫定協定に対するかすかな希望の光を与えた。

「友人の間に最後という言葉はない」というルーズベルトの言葉に勇気づけられた両大使は「(米側は)われわれの平和的意図を確認した後、妥協しようと考えていることは明白であると思われる」と東京に報告した。一方来栖が「もし日本が仏印から撤兵したら、アメリカは石油の禁輸と経済的圧迫を弱め、若干の石油を送ってくれるだろうか」と尋ねたことを受けてハルは、その日の夕方に「(日本の暫定協定案についての交渉は)少なくともやってみる価値はある」とイギリスのハリファックス駐米大使に述べていた。またルーズベルトは、対日強硬派として知られた国務省のホーンベック極東課長に対し、「日本の暫定協定案をベースとして妥協する準備をするよう」命じ、さらにハルに対し日本と妥協するための提案を記したメモを渡した。そのメモには、「日本がインドシナだけでなく満州とソ連の国境や南アジアにこれ以上、軍を派遣しないことを条件に石油禁輸の一部を解除する。もし、アメリカがドイツに開戦することがあっても、日本は三国同盟を理由に参戦しない。代わりにアメリカは日本を中国に『紹介』する労をとる」と記されていた。そして翌日ハルは、「日本軍が仏印から撤兵すれば、アメリカはその見返りに資産凍結措置を撤回する」というアメリカ政府の意志を、野村、来栖両大使に慎重に伝えた。また「もしそれにより平穏な状況が続くならば、アメリカはシンガポールに軍艦を送ったり、フィリピンの軍事施設を強化する必要はなくなる」と付け加えた。この時点で日米間には、一時的な妥協をするためのわずかな可能性がまだ残されていたのである。

十一月二十日、野村、来栖両大使は、和解への最後の試みのため国務省を訪れ、暫定協定のためのB提案を提出した。このB提案を一読したハル国務長官は、日本側が提示した「中国の蔣介石への援助停止」要求を受け入れるわけにはいかないとしながらも、「じっくりと、そして前向きに」検討することを約束し、イギリス、中国、亡命オランダ政府の代表と相談のうえ最終的な返答をする旨を日本側に伝えた。このハル長官の対応は非常に前向きな印象を日本側に与えたため、野村、来栖両大使は東京に対し、交渉の最終期限の延長を申し出、その結果四日間の延長、つまり十一月二十九日まで交渉期限を引き延ばすことを許されている。しかし東京はあらためて、「どうしても二十五日までに日米関係の決着をつけたい理由がある」ことを十分察するように、と警告している。この「マジック」情報は、十一月二十九日（日本時間）までに日米が暫定協定案で合意にいたらない場合、日本が武力行使に出るであろうことを示唆するものだった。

十一月二十四日、ハルはアメリカから日本に提示する暫定協定案の対案を完成させた。同案は「日本が南部仏印から撤兵し、北部仏印の兵力も二万五千人に限定し、来る三カ月間は軍事的進出を自制することと引き換えに、アメリカは日本との貿易関係を回復させ、日本の民事に限って必要な量の石油輸出を再開すること」を提案していた。とりあえず三カ月間は軍事行動を控え、その間に未解決の諸問題に関してさらに交渉を続けることを、このハル対案は提案していたのである。このアメリカの暫定協定案は、日本側の「蔣介石への援助停止」という要求は退け、代わりにフィリピンを日本と蔣との直接交渉の場所とすることを提案していた。この暫定協定案には、蔣介石一派による反対が予期されたため、彼らをなだめる目的で、「アメリカとの恒久的和解のために日本が応じなければならない」十項目の要求リストが別紙として添付された。

翌二十五日の朝、ハル国務長官はノックス海軍長官、スティムソン陸軍長官を自室に招き暫定協定案に対する支持をとりつけた。そしてその日の午後には、大統領執務室において主要閣僚による軍事会議が開かれ、暫定協定案についての話し合いが持たれた。スティムソンはこのとき、「細部について東京が同意することには疑問がある」としながらも、フィリピン増援のための時間稼ぎをするためなら「どんな手段も歓迎する」と述べた。この後一同は、東京が受け入れなかった場合について議論をしたが、何はともあれこの暫定協定案は、ルーズベルト大統領と主要閣僚の正式な承認を得て、日本側に提示することが決定されたのであった。

ところが翌二十六日の午後、野村、来栖両大使が国務省でハルから受けとった提案は、日本との暫定協定を結ぶためのものではなく、その暫定協定案に別紙として添付されるはずだった十項目のリストだった。前述したように、これは日本がアメリカとの恒久的和解を達成するために満たすべき基本条件で、それゆえこの差し迫った時期にはとうてい受け入れがたいきびしい内容のものだった。日本の両大使は、後にハル・ノートとして知られるようになるこの十項目のリストを見たとき、「これはアメリカが日本に突きつけた最後通牒である」という以外の解釈を見いだすことは事実上不可能だったのである。

チャーチル発の「驚くべき情報」

日本と暫定協定を結び、フィリピン増援のために必要な三カ月の時間稼ぎをするという決定が下されたわずか数時間後に、この決定は突如破棄されたのだった。二十五日から二十六日にかけていったい何が起きたのだろうか。二十五日の決定後に、胡適中国大使がハルに抗議し、国務省に蔣介石の支持者から大量の「ヒステリックな」電報が送りつけられたことが知られているが、この「蔣介石一派の反対」をもってして、かくも重要なアメリカの外交政策を一夜にして変えてしまった理由とするのは、あまりに説得力に欠ける。実際ハルは中国の抗議を「利己的でヒステリック」だとして批判し、「日本との対決回避とそのために暫定案が必要という事実関係をまったく理解できていない」と胡適大使を国務省に呼んできびしく警告していたし、それまで中国に同情的だったルーズベルトでさえ、抗議を受け入れる様子はまったくなかった、という記録が残っているのである。

ハルは後にこの暫定協定案破棄の決定を下したのは自分だと証言しているが、その後に明らかになった資料から、このハル証言の信憑性は大きく揺らいでいる。例えばルーズベルトの側近だったホプキンスは、「ハルは何よりも平和を望んだ。日本との調整に全力を尽くすことを決め、そのため何週間も日夜働いていたのである」と書いている。またハルは対日強硬派のホーンベック国務省極東課長から「上からの指示による決定であっても、いずれそれでよかったと考えるようになる」と慰められた際、「この緊急のときに、どうせ日本は（暫定協定案を）受け入れないだろうなどというのは正しくないし、望ましくもない。（日本を宥和するため）私が中国を売ったと非難するのもそもそもおかしな話だし、そんな悪宣伝がまかり通るようでは、剣突き合わせて対立している国が妥協するなんて不可能だ」と書いたメモを残していたのである。

こうした記録から、暫定協定案の破棄を決定したのはハル国務長官ではなく、ルーズベルト大統領だったことがわかる。そもそも大統領はじめ主要閣僚が正式に承認した政策を国務長官一人で破棄することができたと考えるのは不自然だ。それではルーズベルトはなぜ突然この決定を破棄し、日米の妥協の道を閉ざしてしまったのだろうか。

これに関して戦時中に行なわれたアメリカ陸軍真珠湾調査委員会は、「十一月二十六日に、日本が英米に対して戦争をはじめる意図をもっているという具体的な証拠がホワイトハウスに入った」という結論を出している。つまり二十五日の深夜から二十六日の朝にかけて、日本の英米に対する戦争意図を具体的に示す証拠が、どこかからルーズベルトのもとに届けられたというのだ。

ハルは暫定協定案を破棄した理由について、二十五日の夜にチャーチルからルーズベルトに蔣介石のことを懸念する電報が入り、そのためもう一度中国人について懸念を抱くようになったのだ、と不自然な説明をしている。この電報の中でチャーチルは、「蔣介石はどうなのでしょうか？ひどく腹をすかしているのではありませんか？」と書き、蔣介石が補給を渇望していることを伝えたが、そんなことはすでに中国からの抗議でさんざん聞かされていたことであり、それがいまさら暫定協定案破棄の原因になったとは考えられない。

実はチャーチルはこの電報とは別に、日本の戦争意図を具体的に示す証拠の含まれたメッセージを、別ルートでルーズベルトに送っていたらしい。この「腹すかし」電よりもっと緊急の電報がその夜チャーチルからルーズベルトに送られたことが、イギリスのハリファックス駐米大使の日誌に記されている。ハリファックスは二十五日夕方にチャーチルから外務省経由で電報を受けとったが、それは「ハル国務長官に、チャーチルからルーズベルト宛ての電報が着くまで待っていてもらうよう依頼せよ」という指示だった。

ロンドンとワシントンの間には、外務省を経由する通常の通信系とは別に、ロンドンにあるMI6の本部とニューヨークのロックフェラー・センターにある「イントレピッド」のオフィス間を英タイペックス暗号機でつなぐ軍の通信系が存在した。つまりチャーチルはこの秘密の通信系を使ってルーズベルトに情報を送ることができたのである。

この通信系をチャーチルが二十五日深夜に使ったことを示唆する証拠が残っている。二十六日の朝、ルーズベルト大統領の長男、ジェームズ・ルーズベルト陸軍大佐が、大統領からチャーチル宛ての以下の電報を、ニューヨークの「イントレピッド」のもとへ携行していたのである。「交渉は打ち切った。陸海軍は二週間以内に戦闘を予期している」。「イントレピッド」からチャーチルに送られたこの電報は、その前日にチャーチルから送られた電報に対する回答であった可能性が高い。チャーチルが二十五日の深夜に、「日本の戦争意図を具体的に示す情報」をこのタイペックス暗号機を使ってルーズベルトに送っていたとすれば、その返答を同じ通信系で二十六日朝に送ったと考えるのは論理的だ。つまりチャーチルは二十五日深夜に秘密の軍通信系によって日本の背信をルーズベルトに知らせ、ルーズベルトの決定に影響を与えた可能性が高いのである。

それではチャーチルがルーズベルトに送ったかもしれない「驚くべき情報」とはどんなものだったのだろうか。ここで注目すべきは、チャーチルがルーズベルト以上に日本の暗号電報にアクセスできただけでなく、量的にも質的にも多彩な日本の秘密情報を手にしていたことである。英政府暗号研究所（通称ブレッチリー・パーク）には、アメリカ陸軍よりも大勢の語学エキスパートがいたため、イギリスはアメリカよりも多数の東京発各地宛ての秘密情報を傍受することができた。

十一月二十五日の深夜に、いわゆる「ウインド・メッセージ」と呼ばれる〝風〟隠語設定電の解読文が、チャーチルからルーズベルトに送られた可能性が指摘されている。東京は日本の在外公館に、日本と英米ソ間に外交関係断絶の危険があることを知らせるために、毎日の気象放送の中に一連のメッセージを入れることを決め、その隠語設定を電報で各国公館に伝えている。それは、

日米関係が危険な場合は、「東の風、雨」
日ソ関係が危険な場合は、「北の風、曇」
日英関係が危険な場合は、「西の風、晴」

と放送するというものだった。アメリカはこの隠語設定電を十一月十九日に傍受し、二十九日にその解読文がワシントンに届き大騒ぎとなっている。ところがブレッチリー・パークはアメリカより早くこの〝風〟設定電の解読に成功しており、チャーチルがこれを読んだのは二十五日であった。もしこの〝風〟設定電がその夜ルーズベルトに送られていたとしたら、これ自体「日本が英米に対して戦争をはじめる意図」を示す具体的な証拠となっただろう。

また十一月二十六日にはワシントンに以下の情報が届いていたことが確認されている。

「秘密の情報源（信頼できるのが通例）の報告。A、日本は十二月一日、繰り返す十二月一日、最後通告あるいは交渉決裂の宣言なしにバンコクとシンガポールの中間を占領するためにクラ地峡を攻撃するであろう。B、攻撃部隊は海南島と台湾から直接向かうであろう。主上陸地点はシンゴラ地区となる模様。上記の評価は三番、繰り返す三番（正確度五十五～六十パーセント）。米陸海軍情報部には通報した」

十一月二十五日にこれと同じ電報がＭＩ６の本部からＭＩ６のマニラ支局に送られていることから、この情報の源はイギリス情報機関だと考えて間違いあるまい。するとこの情報もチャーチルからルーズベルトに送られていた可能性が濃厚だ。またチャーチルがもっと具体的な日本の戦争意図についての情報を持っていた可能性も否定できない。チャーチルが十一月二十五日に受けとった極秘電報のうち、これまでに極秘扱いが解かれ公開されているのは、六箱中の三箱のみである。いまだ極秘扱いとされている残りの箱の中に、これらの情報がつまっている可能性は十分にあるのだ。

ルーズベルトはこのような「日本の戦争意図を具体的に示す情報」を、十一月二十六日の朝までにチャーチルから受けとり、それゆえ日本がアメリカとの交渉を彼らの軍事攻撃をカモフラージュするために行なっていると判断し、またそのような情報を受けとっていながら日本と取引しようとしたと後々に批判されることをおそれ、暫定協定案の破棄決定を下したのではないだろうか。

一九四二年二月十五日、いまだ真珠湾の衝撃が冷めやまぬ中、チャーチル首相は全世界に向けてラジオ演説を行なった。この中でチャーチルはアメリカの参戦を大歓迎し、「この出来事（アメリカの参戦）を夢にまで見、それを目的とし、そしてそのために活動してきた」と喜びのあまりつい口を滑らせている。すぐさまハリファックス大使が「『そのために活動してきた』とは、アメリカ人の耳には聞こえが悪い」と警告を発した。この言葉が明確に物語るように、チャーチルはアメリカを戦争に引きずり込むために懸命に働きかけ、そして最後にその目的を達成したのであった。

第4章　親ナチス派と反ナチス派の暗闘

第二次世界大戦が終結してから五十一年が経過した一九九六年九月、イギリス外務省は突然、「スイスは大戦中にナチスが強奪した金塊の一部をいまだに隠匿している」という驚くべき発表を行ない、それ以降スイスは世界中の非難の声にさらされた。

ナチス・ドイツは大戦中、占領した国の中央銀行等から金塊を奪い、それを中立国のスイスに運んで戦争に必要な物資の購入にあてていた。スイスは戦後、連合国と協定を結んでナチスに強奪された金塊をすべて返還したとされていたが、このイギリス外務省の発表によれば、「スイスはなお強奪金塊の一部を隠匿したままでいる」のだった。そしてこれらの金塊の中には、大戦中にナチスがユダヤ人の金時計や金のネックレスから奪った金や、アウシュビッツやトレブリンカ等の強制収容所で殺害されたユダヤ人の遺体の歯から抜きとられた金など、文字通り「血塗られた金塊」も含まれていると報じられた。

さらには、スイスの銀行が虐殺されたユダヤ人の持っていた預金口座を勝手に凍結し、虐殺されたユダヤ人の遺族が資産確認を求めてもそれに応じていなかった事実が明るみに出て、ユダヤ人団体は次々にスイスの銀行に対する賠償請求を起こしていった。

これ以降、このスイスの大戦中の「中立」性を糾弾する本や記事が相次いで出版され、ナチスとスイスをめぐる国際金融の闇の一端が明らかにされたが、このスイスの銀行とともに、一部のアメリカの銀行もユダヤ人団体から糾弾されていた事実は、日本ではあまり知られていないようだ。

チェースマンハッタンとモルガンのナチス人脈

一九九八年十二月二十三日付のＡＰ電は、「チェースマンハッタン銀行とＪ・Ｐ・モルガン商会が、第二次世界大戦中にパリ支店を通じてナチスと協力し、数百万ドルのユダヤ人資産を略奪したとしてホロコーストの犠牲者の遺族から訴えられた」とのショッキングなニュースを伝えていた。チェースマンハッタン銀行といえば、アメリカのロックフェラー家が保有する名門中の名門銀行で、スタンダード石油（ニュージャージー）社とも関係の深い銀行だった。すでに見たように、ロックフェラー・グループ、とりわけスタンダード石油は独ＩＧファルベン社と全面的に提携しており、ナチス・ドイツとは切っても切れない親密な関係になっていた。だからロックフェラー家のチェースマンハッタンがナチスと協力関係にあったとしても、それはむしろ当然と言えるかもしれない。

一方のＪ・Ｐ・モルガン商会も、一九二〇年代のドーズ案やそれに続くドイツ債ブームで活躍し、しかもモルガン傘下のゼネラル・エレクトリック社やゼネラル・モーターズ社がドイツに莫大な投資をしていたので、ドイツとは非常に縁の深い銀行だった。

チェースマンハッタンとＪ・Ｐ・モルガンは、七つのフランスの銀行とともにアメリカの銀行としてははじめて、「ユダヤ人の預金口座と秘密金庫を差し押さえ、戦後もそれを隠し続けた」としてユダヤ人グループから訴えられた。原告側弁護士のケネース・マッキャリオン氏は、「これらの銀行に当時の帳簿を公開し、原告の被害を認めて損害賠償するよう求める」とのコメントを発表した。この原告団が訴えの根拠としたのは、一九四五年四月にアメリカ財務省がまとめた「大戦中の米銀行の活動報告」であった。この財務省レポートにはいったい何が書いてあったのだろうか。

一九九八年に極秘扱いを解かれて公開されたこの財務省レポートによると、チェースマンハッタン銀行は、アメリカがドイツと開戦した後も、ドイツ人資産をフランスから敵国ドイツへ送り続けたという。「チェースのパリ支店はナチスがフランスを占領した後も通常業務を続け、ドイツ大使館の口座を保有しつづけ、同銀行のシャトーヌフ支店は、ドイツ人の資産を、ドイツやドイツ占領下の国へ送金しつづけた」とレポートは記している。

また「一九四〇年にナチスが北部フランスを制圧した後、チェースのアメリカ本社はフランスの支店に対して会社を解散するよう指示を出したが、パリ支店はそうする代わりに支店長をアメリカ人からスイス人のカルロス・ニーダーマンに代えた」という。このスイス人は、「フランスにおけるドイツの勝利、そして来るべくドイツの世界独占という状況に喜んで合わせようとしていた「疑いなくナチスの協力者」だった。

この財務省レポートはさらに、「チェースのニューヨークの本社は、少なくとも一九四二年末頃まで、こうしたフランスの支店の活動に関して逐一報告を受けていたが、このフランスの支店を戒めるための行動はいっさいとらなかった。またアメリカ政府当局に対して適切な情報を知らせなかった」と述べている。このチェースの態度をナチスはさぞお気に召したのだろう。「ドイツ当局はチェースの営業を継続させるよう気遣い、収入源を供給するために特別な配慮をした」と財務省レポートは記している。

同様にＪ・Ｐ・モルガン商会のパリ支店も、「ナチスと近かったフランスのビシー政権と緊密に協力していた」と財務省から非難されている。「モルガンはフランスにおいて事業を継続することに何よりも気を揉んでおり、この目的を果たすために、ドイツ当局との一時的な妥協を成立させた」。このため「モルガンはドイツ当局の間で大変な信望を獲得し、ドイツはモルガンとの協力体制を強めた」のだという。

チェースとモルガンは、こうしてアメリカの参戦後もナチス・ドイツとの金融取引を続けたのだが、これらは氷山の一角に過ぎない。

アメリカ金融界や産業界の中には、一九二〇年代からドイツに莫大な投資をし、ドイツ政財界と親密な関係を築いた一大勢力が存在した。この《親独派》経済エリートたちは、ドイツ人の取引相手と強力なパートナーシップを築き、重要な投資を共有していた。またお互いの属する階級や資本主義経済に対する理念、そして共産主義に対する脅威や世界経済における米独関係の重要性にいたるまで、さまざまな問題で意見を共有していたのである。チャーチルやルーズベルトの「謀略」で戦争に巻き込まれたものの、ドイツとの戦争はもともと「望まざる戦い」だったのだ。このように「無理やり戦争に引きずり込まれた」と感じる《親独派》経済エリートたちが、対独戦に熱心になれるはずはなかった。

そこで戦前ナチス・ドイツと手を組んでいたアメリカ企業の多くが、アメリカの参戦後も「通常通り」の業務を続けようと試みたのである。

敵国との取引を続けたハリマンとブッシュ

第二次世界大戦前から戦中にかけて、世界最大の港町オランダのロッテルダム市にあるザウドブラーク通り十八番地に、貿易海運銀行という聞き慣れない名の小さな銀行があった。この銀行は一九一八年にドイツの富豪テュッセン家が設立した銀行で、アウグスト・テュッセン銀行（テユッセン家保有）のH・J・カウエンホーヴェン頭取がこのオランダの銀行の代表を務めていた。われわれは実はこの無名の銀行とすでに出会っている。第1章で一九二〇年代にアドルフ・ヒトラーの最大のスポンサーになったフリッツ・テュッセンの話が出たが、テュッセンがナチスに資金を流すのに使った銀行が、このオランダにある貿易海運銀行だった。

テュッセンは一九四一年に出版した自伝の中で、「私はドイツの銀行における自分の立場と混同されたくなかったし、オランダの銀行と取引するほうがよいと考えたので、あえてこの銀行を（ヒトラーとの取引のために）選びました。それにそうすることによって、少しでもナチスを自分の影響下に置くことができるのではないかと考えたのです」と述べている。テュッセンがヒトラーやナチスをどの程度「影響下に置く」ことができたのかは定かでないが、ここでわれわれの興味を引くのは、「テュッセンがヒトラーへの送金にこの貿易海運銀行を使っていた」という事実である。

実はこの銀行は、ウォール街に太いパイプを持ち、アメリカ財界のエスタブリッシュメントに直結する銀行であった。テュッセンの貿易海運銀行は、ニューヨークにあるW・A・ハリマン商会と提携関係にあり、ニューヨークのユニオン・バンキングという銀行をコントロールしていた。ユニオン・バンキングはハリマン財閥とテュッセン・グループが共同プロジェクトでニューヨークに設立した銀行で、同行の取締役会にはローランド・ハリマンやテュッセン銀行のカウエンホーヴェン頭取が名を連ねていた。一九四〇年の時点でオランダの貿易海運銀行はユニオン・バンキングの約二百二十万ドルの資産を保有しており、一方のユニオン・バンキングはそのほとんどの業務を貿易海運銀行との取引にあてていた。ユニオン・バンキングはつまり、アメリカン・マネーをこのオランダの銀行を通じてドイツに投資していたのである。

このユニオン・バンキングで社長を務めていたのが、ジョージ・W・ブッシュ大統領の曾祖父にあたるジョージ・ウォーカーである。「アメリカにおけるヒトラー支持者の一人」と言われたウォーカーは、義理の息子であるプレスコット・ブッシュ（現大統領ジョージ・Wの祖父）をユニオン・バンキングの役員に就けた。すでに第1章で見たように、プレスコットは一九二六年にW・A・ハリマン商会の副社長に就任し、活発にドイツ債を商い、二〇年代のドイツ・ブームを起こしたウォール街の「仕掛人」の一人であった。

つまりユニオン・バンキングはテュッセン－ハリマン米独連合の共同事業で、アメリカの資金をドイツに流すパイプとして機能していたのだ。そしてテュッセンは貿易海運銀行を通じてナチスに資金を提供していたわけである。ハリマンやブッシュたちがこのテュッセンのヒトラー支援をどの程度知っていたかは明らかでないが、ウォール街とナチス・ドイツをつなぐ資金ルートであるユニオン・バンキングの取引は、ヒトラーの政権掌握後も続いていた。

フリッツ・テュッセンは一九三九年にヒトラーと決別しスイスに亡命していたが、ハリマンやブッシュたちが築いたドイツとの関係はそれ以降も生きており、とりわけテュッセンの同僚であった鉄鋼王フリードリヒ・フリックとの関係が深まっていた。フリックはヒトラーの政権掌握後にドイツ経済を支えた重要な財界人の一人で、大戦後のニュールンベルク裁判では戦犯として裁かれた人物である。フリックは戦前からアメリカの投資家グループと組んでポーランド最大の製鉄会社を支配下におさめていたが、このアメリカの投資家グループの中核を占めていたのが、ユニオン・バンキングの取締役たちだった。ちなみにこのグループにはジョン・フォスター・ダレスも参加していた。

こうしたユニオン・バンキングのナチスとの関係は、アメリカの参戦後も絶えることがなかったため、アメリカ企業による敵国との取引を取り締まっていたアメリカ政府の目に留まった。そしてアメリカが大戦に引きずり込まれてから十カ月が経った一九四二年十月、ユニオン・バンキングは遂に政府の差し押さえ命令を受けた。アメリカでは「敵との取引行為を定めた法律」により、交戦中の敵国とのいかなる商取引も禁止されている。そこでアメリカ政府は、合衆国政府命令第二四八号を発動し、ユニオン・バンキングの資産の多くを、「ナチス・ドイツのために運用され、ドイツの戦時体制を支えるために使われていた」と判断して差し押さえたのだ。ユニオン・バンキングは政府の外国資産管理局の管理下に入れられ、同時に、ローランド・ハリマンやプレスコット・ブッシュが同社に持っていた株も差し押さえられた。

アメリカ人ジャーナリストのＪ・Ｈ・ハットフィールドは、ユニオン・バンキングとブッシュ一族について、「第二次世界大戦以前にナチスと取引のあった大手企業は数多くあるが、真珠湾攻撃後にヒトラーのドイツにあれほど広範に協力していた企業はさほど多くない。戦争がはじまろうと、ジョージ・ウォーカーとプレスコット・ブッシュにとっては、いつもと変わらぬ営業だったのである」と書いている。

ハリマン財閥とその番頭ブッシュは、二〇年代以来培ってきたテュッセンやフリックといったナチス経済エリートたちとの関係を保ち、政府から差し押さえ命令を受けるまで、ドイツとの取引を継続していたのであった。

アメリカ財界がヒムラーに贈った「裏金」

アメリカの財界とナチス・ドイツを結ぶ資金ルートは他にもあった。その鍵を握る人物はナチスの銀行家クルト・フォン・シュレーダー男爵である。シュレーダー男爵はケルンのＪ・Ｈ・シュタイン銀行の頭取で、一九三〇年代初頭には銀行家シャハトらと共にヒトラー政権誕生のために奔走し、一九三三年一月四日には、自宅にヒトラーとフォン・パーペン元首相を招いて秘密会談を実現させた黒幕的雰囲気を持つ銀行家である。クルト・フォン・シュレーダーは一八八九年にドイツのハンブルクで生まれたが、彼のシュレーダー家では、分家した一族が十九世紀半ばにロンドンとニューヨークに移住しており、それぞれＪ・ヘンリー・シュレーダー銀行を設立していた。この英米におけるシュレーダー銀行の頭取を一九四〇年まで務めたブルーノ・フォン・シュレーダー男爵は、クルトのいとこである。ロンドンとニューヨークのＪ・ヘンリー・シュレーダー銀行と、クルトのＪ・Ｈ・シュタイン銀行は、明確な資本関係で結ばれていたわけではなかったが、同じファミリーとして常に連携し、緊密に協力しあっていた。

クルト・フォン・シュレーダー男爵は、ヒトラーの経済顧問ヴィルヘルム・ケプラーと共にケプラー・クライスの主要メンバーとなり、ヒトラーとドイツ財界をつなぐパイプとしての役割を果たしていた。ケプラー・クライスは後に、ナチス親衛隊長官のハインリヒ・ヒムラーを主力メンバーとして迎え入れ、一九三三年、三四年以降は「ヒムラー友の会」と呼ばれるようになる。「ヒムラー友の会」は親衛隊を介してナチス党指導部と財界首脳が直接交流する機会を提供するとともに、シュレーダーのＪ・Ｈ・シュタイン銀行に設けられた秘密口座を通じて、財界の資金を親衛隊へ流すパイプとしても機能していた。

シュレーダーは一部では過激な片田舎の地方銀行家として描かれているが、これは大きな間違いで、この人物の力の源泉はその広範な国際ネットワークにあった。シュレーダーは、「中央銀行の銀行」と呼ばれたスイスの国際決済銀行（ＢＩＳ）の理事を務めていたが、この銀行は第二次世界大戦中に敵対する連合国と枢軸国の代表が公然と会い、敵味方を超えて緊密に協力しあう場だった。シュレーダーはこのＢＩＳを通じて世界の金融界の首脳と定期的な接触があったが、とりわけウォール街とは太いパイプを持っていた。一九三六年に親族が経営するニューヨークのＪ・ヘンリー・シュレーダー銀行が、ロックフェラー・グループと全面的に手を組み、新たな投資銀行シュレーダー・ロックフェラー商会を設立したのである。この銀行の取締役会には、ロックフェラー家の当主ジョン・D・ロックフェラーの甥にあたるアヴェリー・ロックフェラー、ブルーノ・フォン・シュレーダーとともにクルト・フォン・シュレーダーも名を連ねていた。アヴェリーは同商会の四十二パーセント、ブルーノとクルトはあわせて四十七パーセント出資した。この新会社の法律顧問にはジョン・フォスター・ダレスとアレン・ダレスのコンビが就任するという豪華な顔ぶれだった。《親独派》米財界人とシュレーダー・グループが手を組んでできたこの投資銀行は、ちょうどヒトラーが権力基盤を安定させ、ドイツ経済が再び息を吹き返した一九三六年に誕生したのだった。

こうしたシュレーダーの国際コネクションを反映して、「ヒムラー友の会」ではアメリカ資本の代理人たちの姿も見られた。まず他ならぬシュレーダー自身が米ＩＴＴ社の利益を代表していた。第１章で見たように、シュレーダーはヒトラーの政権掌握後に、ＩＴＴの独子会社の一つスタンダード・エレクトリツィテーツ・ゲゼルシャフト（ＳＥＧ）社の取締役に就任していた。シュレーダーはＩＴＴのドイツにおける権益を守るために雇われたのだが、シュレーダーはそのためにＩＴＴに対し「ヒムラー友の会」に寄付金を支払うよう働きかけたようだ。実際ＩＴＴは定期的に「ヒムラー友の会」に寄付金を送り、一九四四年の末時点でさえ、ＩＴＴ社のドイツ子会社の一つミックス＆ゲネスト社が五千ライヒスマルク、ロレンツ社は二万ライヒスマルクを寄付していた。この「裏金」のお陰で、ＩＴＴのドイツ子会社は大戦中を通じてナチスから「敵国資産」として没収されることなく、通常通りの営業を続けることができた。

またシュレーダーがニューヨークで手を組んだロックフェラー・グループの代理人も、「ヒムラー友の会」に参加していた。ロックフェラーの中核企業であるスタンダード石油（ニュージャージー）社はドイツ子会社ドイツ・アメリカ石油（DAPAG）社を設立し、ハンブルクの本社、ブレーメンの精製所を中心にドイツ全土に支店網を展開していたが、このDAPAGの取締役カール・リンデマンが「ヒムラー友の会」の常連になっていたのである。リンデマンはドイツ大手のドレスナー銀行やハンブルク・アメリカ汽船の取締役、それにドイツ国際商工会議所の会長も務めていたドイツ財界の重鎮の一人で、スタンダード石油はこの人物を通じてナチスの中枢につながりを持ち続けていた。DAPAGは一九四三年と四四年にそれぞれ一万ライヒスマルクの寄付を「ヒムラー友の会」に納め、リンデマンも個人で四千ライヒスマルクを支払っていたと記録されている。

こうしてアメリカ財界の《親独派》は、クルト・フォン・シュレーダー男爵が幹事役を務める「ヒムラー友の会」を通じてヒムラーの親衛隊に「裏金」を送り、彼らのドイツにおける権益を保護してもらうよう努めていたのである。

反スタンダード石油キャンペーン

「ヒムラー友の会」を通じたアメリカ財界のナチスとの関係は、決して表沙汰になることはなかったが、ロックフェラー・グループのもう一つのナチス・コネクション、スタンダード石油（ニュージャージー）とIGファルベン社との提携関係は、アメリカがドイツとの戦争に突入してから国内で問題化し、スタンダード首脳陣は国民から猛烈な非難の声を浴びることになった。

日本軍の真珠湾攻撃によってアメリカが大戦に引きずり込まれると、アメリカ国内は深刻なゴム不足に見舞われた。それまでアメリカの天然ゴムの供給源だった東南アジアが、日本軍の手に落ちたためである。そこでアメリカは急遽、天然ゴムの代用として合成ゴムの製造を余儀なくされるが、スタンダード石油がIGファルベンと結んでいた協定が障害となり、アメリカは合成ゴムの大量生産ができなかったのである。

当時、IGファルベンは「ブナ・ゴム」と呼ばれる世界でもっともすぐれた合成ゴムの技術を保有しており、この「ブナ」の国際特許は、一連のIG-スタンダードの協定により、この二社が共同で設立していたジャスコ社に譲渡されることになっていた。しかしアメリカの参戦が決まった時点では、スタンダードは「ブナ」の特許権は得ていたものの、生産に必要な技術データはまだ受けとっていなかった。ヒトラーが、この技術情報をアメリカ側に譲渡する許可をIGに与えなかったためである。

「スタンダード石油はIGファルベンと組んでアメリカの戦争を妨害している」、といつのまにかアメリカ国内ではスタンダード石油批判が沸き起こっていた。火付け役はまたしてもチャーチルのスパイ「イントレピッド」だった。「イントレピッド」は二人の部下ドナルド・マクラーレンとシルビア・ポーターに対し、「反スタンダード石油キャンペーンを開始する」よう指令を出し、二人はイギリス情報機関のマニュアル通りプロパガンダ本の出版に着手した。

そして二人は一九四二年三月、『黙示録の続編　いかにしてあなたの十セント硬貨がヒトラーを助けているか』というタイトルのパンフレットを執筆し、アメリカ全土で大量に配布をはじめた。このイギリス人スパイたちは、ＩＧ‐スタンダード同盟関係の詳細を暴露し、「このアメリカの石油会社がヒトラーの戦争マシーンを支援しているのだ」と大々的に宣伝したのである。

さらに「イントレピッド」たちは、アメリカ司法省反トラスト部門のチーフだったサーマン・アーノルドにせっせと情報を提供し、スタンダードを法的に封じ込める作戦に出た。そして一九四一年に、アーノルドは「イントレピッド」たちから受けた情報をもとに、スタンダード石油をトラスト法違反で訴えた。

これにさらにスタンダード石油の株主と組んだ内側からの揺さぶり攻撃も加わっていく。当時このキャンペーンに加わっていたイギリス情報機関のスパイの一人フランシス・ヘンソンが、上司に宛てて書いた興味深い手紙が残っている。

「スタンダード石油に関してウォルター（コラムニストのウォルター・ウィンチェル）向けに面白い情報があります。このプロジェクトで私たちが長いこと苦労してきたのはご存知のことと思いますが、最近スタンダードの小口株主委員会の委員長をしているウィリアム・フロイドという人物と協力関係を築くことに成功しました。同封いたしましたのは、このフロイド氏がウィンチェル氏にどんなことを話していただきたいかのアウトラインです」
イギリス情報機関はつまり、攻撃対象であるスタンダード石油の小口株主を抱き込み、内部情報を入手し、それを子飼いのコラムニスト、ウォルター・ウィンチェルを通じて全米のメディアに流したのであった。この手紙によると、イギリスのスパイ集団に協力したスタンダード石油小口株主委員会のフロイド委員長は、提供した情報を「ウィンチェルの連載コラムか日曜日のラジオ番組で取り上げてほしい」と希望し、ついでに「株主グループはスタンダード石油が戦争に全面的に協力することを求める」という見出しにしたらどうか、と親切にタイトルの提案までしていたという。

こうしたイギリス情報機関による反スタンダード石油キャンペーンは、実際にどの程度効果があったのだろうか？

一九二〇年代にＩＧファルベン社との協力関係を築くのに尽力したスタンダード石油のウォルター・ティーグル社長と、彼の跡を引き継いだビル・ファーリッシュ新社長は、このネガティブ・キャンペーンにより「裏切り者」、「国賊」というレッテルを貼られ、ファーリッシュはショックのあまりまもなく心臓発作で亡くなってしまった。残されたティーグル社長も、顧客の信用を一気に失い、言動も行動もいかにも神経質になり、周囲に当たり散らすことが多くなった。そしてやがて失意のうちに第一線を退いたという。

この反スタンダード石油キャンペーンに続いて、一連のアメリカ政府による調査が開始された。

財務省や司法省のスタッフは、「スタンダードのナチス・コネクションの全体像を暴いてやる」と腕まくりをして気合を入れたが、アメリカ政府内のいくつかの部門、とりわけ陸軍省と戦略情報局（OSS）が、スタンダード石油批判に消極的な姿勢を見せたことで、政府によるスタンダード追及は中途半端なものになっていく。

アメリカ陸軍省は、アメリカの陸・海・空軍がすべて、燃料供給をスタンダード石油に依存していたことを知っており、同社の助けなしにアメリカが戦争を継続することができないことも良くわかっていた。そこでスタンダード攻撃をある程度のところで止めるよう働きかけたのだという。また、アレン・ダレス周辺のアメリカ情報機関の一部が、反スタンダード石油キャンペーンに反対したことを示す明確な記録が残っている。八〇年代終わりに極秘扱いが解かれたイギリス情報機関のファイルの中に、次の書簡が埋もれていたのである。

「一九四二年三月、ダレスとその同僚は、われわれ（イギリス）のアメリカにおける宣伝活動を、IGファルベン社に関しては中止してほしいと言ってきた。彼らの説明によれば、この宣伝活動がスタンダード石油（ニュージャージー）等のアメリカ大企業を巻き込む結果となり、そうなれば彼らの戦争に対する熱意を減退させるおそれがある、というのだ」

つまりダレスたちは、「イントレピッド」たちがIGファルベン攻撃をしつづければ、IGと組んでいたスタンダード石油のようなアメリカ企業を巻き込むことになり、そうなれば彼らはアメリカの戦時体制に協力しなくなるだろう、と警告を発したのである。「アメリカ政府に石油を売るも売らないもスタンダードしだいなのだぞ」とダレスは脅しをかけたともとれる。スタンダードはダレスが弁護士時代の顧客だったし、ダレスは戦前ＩＧファルベンとも取引があった。彼らは同じ《親独派》のエリート・サークルに属する仲間だったのである。そこでロックフェラー・グループを救うために、ダレス一派はアメリカ政府やイギリス情報機関の反スタンダード石油キャンペーンに横槍を入れたのである。このように政府内部にスタンダード攻撃に対する反対の声が上がったため、政府のスタンダード石油に対する追及は、結局中途半端のまま終わりを告げたのであった。

ドイツ企業の偽装工作に手を貸したジョン・フォスター・ダレス

ドイツに莫大な投資をしていたアメリカ財界の一部が、ドイツとの戦争を望まなかったのは、一度戦争が起きてしまえば、せっかくの彼らの投資が台無しになってしまうからだった。ドイツでもアメリカでも、交戦中の敵国企業の商業活動は法律で禁止されており、敵国企業の資産やパテントは政府に没収されることになっていた。ハリマン財閥のユニオン・バンキングがアメリカ政府に没収されたのは、同銀行が「敵国のために運用されている」と判断されたためだった。このためアメリカの参戦以降、チェースマンハッタン銀行やＪ・Ｐ・モルガン商会はナチスが喜ぶような取引を行なうことで、業務を停止させられることを逃れ、またＩＴＴやスタンダード石油は、ヒムラーの親衛隊に「裏金」を支払うことで資産没収を逃れようと試みていたのである。

　アメリカの参戦後、同様にアメリカに投資をしていたドイツ企業も、アメリカ政府に資産を没収される危機に直面した。彼らも何とかそれを避けたいと思っていたが、さすがにアメリカでは「裏金」を払って済ませることは不可能だった。そこで彼らは、企業の所有権を一時的にドイツ人以外に託したり、中立国にダミー会社を作ってそこに所有権を移すなど、より洗練された偽装工作をすることで、ナチス企業であることを当局に悟られないようにする必要があった。そしてこのドイツ企業の偽装工作に、アメリカの《親独派》財界人たちが助けの手を差しのべていたのである。ドイツのロバート・ボッシュ社の偽装工作はその好例と言えよう。

　ドイツのシュツットガルトに本社を置くロバート・ボッシュ社は、ヨーロッパにおいて自動車や航空機の点火装置やディーゼル燃料噴射装置を独占的に生産する大企業であった。とりわけディーゼル燃料噴射装置の製造においては他の追随を許さない圧倒的な地位を築いていた。この装置なしでディーゼル・エンジンを動かすことはできなかったため、ロバート・ボッシュ社はヒトラーの戦争に欠かすことのできない戦略企業となっていた。

　ロバート・ボッシュ社のアメリカ子会社は、第一次世界大戦時に「敵国資産」としてアメリカ政府に没収され、独立系米企業に売却されていたが、ボッシュ社は一九三〇年までに首尾よく同社を買い戻し、社名をアメリカン・ボッシュ社に変更していた。しかしアメリカとの戦争の危険が高まる中、ロバート・ボッシュ社はアメリカ子会社の所有権をどこか安全な場所に移す必要に迫られた。そこで白羽の矢が立てられたのが、中立国スウェーデンだった。そこでは同国最大のワレンバーグ財閥が、アメリカン・ボッシュ社の偽装工作に一肌脱いでくれることを約束していた。ワレンバーグ財閥は傘下のエンスキルダ銀行を通じて、スウェーデンのほとんどの大企業を傘下に収める一大帝国を築いていたが、ナチス・ドイツともさまざまな取引を行なっていたので、その縁でボッシュを助けることにしたのである。

こうして一九四〇年五月、アメリカン・ボッシュ社の所有権は、戦後ロバート・ボッシュのもとに返還するとの条件付きで、ワレンバーグ家の手に移された。しかし用心深いワレンバーグ家は、アメリカに持株会社「プロビデンシア」を設立してそこにアメリカン・ボッシュ株を移し、二重の偽装工作を施した。そしてアメリカン・ボッシュ株の半数を「信頼できる」アメリカ人に売却することで、同社をアメリカの会社に見せかけようと試みたのである。実はこうした複雑な偽装工作のアドバイスをしたのは、この手の仕事をさせたら右に出るものはいないと言われたジョン・フォスター・ダレスであった。ダレスのサリバン&クロムウェル法律事務所は、アメリカにおいてエンスキルダ銀行と取引があり、ワレンバーグ財閥とは親しい関係にあったから、ワレンバーグがダレスにこの手の仕事を依頼したのはごく自然の成り行きであった。実際、「信頼できる」アメリカ人にアメリカン・ボッシュ株を密かに売りさばいたのはダレスだった。さらにダレスは一九四一年八月には、ワレンバーグの要請を受けてプロビデンシアの議決権受託者になることを引き受け、アメリカン・ボッシュ社株を事実上管理することに同意している。つまりダレスは、ナチス・ドイツの戦略企業ロバート・ボッシュのアメリカにおける利権を保護することに同意したわけである。

この後ダレスはワレンバーグ財閥と緊密に協力しながら、アメリカン・ボッシュ社がアメリカ政府に没収されないよう細心の注意を払い、一九四一年十二月には以下のようなメッセージをワレンバーグに送っている。「最近アメリカで『敵との取引行為を定めた法律』に修正が加えられ、国籍上は敵国企業でなくても、敵国のために動いていると判断された場合には、政府が差し押さえができることになりました。スウェーデン政府に頼んで、アメリカン・ボッシュ社がドイツの会社ではないことを正式に表明してもらったらいかがでしょうか」

しかしアメリカ政府は何としてもアメリカン・ボッシュ社を没収して、ディーゼル・エンジンに不可欠な燃料噴射装置を大量生産しなくてはならなかった。というのもアメリカン・ボッシュ社はドイツのロバート・ボッシュ社と協定を結び、このドイツ企業の許可なしに勝手にこの装置を大量生産したり、その技術を他社に譲渡することができなかったためである。アメリカ海軍が大規模なディーゼル船建造計画を進める中、米財務省は一九四二年五月、「真の所有者が敵国ドイツのロバート・ボッシュ社だ」という確たる証拠の得られないまま、アメリカン・ボッシュ社の没収に踏み切った。こうしてダレスやワレンバーグの巧妙な偽装工作にもかかわらず、アメリカ政府は半ば強引な手段でこの《親独派》財界人たちのたくらみを粉砕したのであった。

「敵国資産」をめぐる攻防

ロバート・ボッシュ社と同様に、ドイツの化学最大手IGファルベン社も、アメリカの資産を偽装してアメリカ政府による凍結措置を逃れようと画策していた。大戦当時IGファルベンはアメリカに無数の子会社や提携会社を持っていたが、その中でもっとも重要な子会社がゼネラル・アニリン&フィルム会社（GAF）だった。同社は一九二九年四月に、アメリカのデラウェア州にアメリカンIGファルベンの名で創設されたが、偽装工作の一環として社名からIGファルベンを取り除き、GAFを名乗るようになった。

アメリカが参戦していた一九四二年頃までに、GAFの総資産は六千八百七十万ドルに達し、同社は全米で第五位の化学メーカーに成長していた。このIGファルベンの子会社は、アメリカの写真フィルム市場や製薬市場で圧倒的な強さを発揮していたが、アメリカの安全保障という点からも非常に重要な位置を占めていた。

GAFは、印刷機械や各種複写機械のリース及びメンテナンス・サービスを提供しており、このサービスを通じてアメリカの重要な産業プラントや研究室に直接アクセスすることができたのである。GAFが契約していた事業所は、アメリカの防衛関連施設や実験所を含めて実に三千五百カ所以上にのぼっていた。当時アメリカの財務長官だったヘンリー・モーゲンソー・ジュニアは、「ＧＡＦはアメリカ政府の公文書館や海軍ともコピー作成等数多くの契約を結んでおり、政府の機密ファイルにアクセスできる立場にいた。しかもこうした国家機密に関わる作業が、ドイツ人の手で処理されていたのである」と日記に記し、このＧＡＦの活動に疑問を呈していた。モーゲンソー財務長官が恐れたように、ＧＡＦは実際、ベルリンにあるＩＧファルベンの諜報部、ＮＷ７と緊密に協力し、ナチス・ドイツのために経済スパイ活動を展開していたのである。

ヨーロッパで大戦が勃発すると、ＧＡＦはドイツの親会社から新たな任務を与えられた。イギリスの海上封鎖によりドイツ船の航行が不可能になったため、ドイツのＩＧファルベンは、南・中央アメリカの顧客へ商品の発送ができなくなったのだ。そこでこの親会社の緊急の要請に応じて、ＧＡＦがラテン・アメリカの全顧客に、ＩＧに代わって染料製品を配送することになったのである。このアメリカ子会社はつまり、イギリス政府によるドイツ企業への経済封鎖を事実上無意味にしていたのであった。

イギリス政府からの要請に応じて、ルーズベルト大統領は一九四一年七月二十六日に、すべての枢軸国の資産凍結を発表し、実質上ドイツとのすべての貿易を停止させる措置をとった。そして反ナチスとして名高かったヘンリー・モーゲンソー・ジュニア財務長官に、この敵国資産の凍結命令を実施するよう命じたのである。

しかしすでにこうした最悪の事態を予測していたＩＧは、中立国スイスにダミー会社ＩＧケミー社を設立し、ＧＡＦの所有者にしていた。「ＩＧケミーとＩＧファルベンは何の関係もなく、

ＧＡＦはスイスの会社だ」とＧＡＦは主張し、モーゲンソーの攻撃に対抗しようとした。そして今やナチス企業の偽装工作のスペシャリストとなったジョン・フォスター・ダレスがここにも登場した。ダレスはモーゲンソー財務長官の執拗な攻撃をかわすために、司法省や財務省の高官をＧＡＦの取締役会に引き入れようとしきりに画策していたのである。

しかし財務省がＩＧケミーを徹底的に調べたところ、株の買い戻しやら株主総会での奇妙な事件など不可解なことが数々起きていることがわかり、ナチス企業がさまざまな手段を用いてその活動や利益を隠そうとしている典型的な例であることが判明した。そこで一九四二年一月、モーゲンソー長官はＧＡＦの生産部門の責任者五名を解雇し、同社の敷地内にいっさい立ち入らぬよう厳命を下した。そして翌月には、ＧＡＦを「敵国資産」と判断し、正式にその資産を没収・差し押さえする決定を下したのだった。

しかしここにきて、やられっぱなしのダレスら《親独派》経済エリートたちが、猛烈な巻き返しを開始した。司法省の下にあった外国資産管理局（ＯＡＰＣ）が突然、財務省に対して、「アメリカ国内の外国人資産の管理に関してはわれわれに権限がある」と横槍を入れて、モーゲンソー財務長官の仕事を妨害しはじめたのである。もちろんこれはたんなる役所の縄張り争いなどではなかった。この外国資産管理局のバックには、ナチスと取引を続けてきた《親独派》の経済エリートたちが潜んでいたのである。彼らは、財務省に奪われたナチスの資産を取り返すべく、司法省の外国資産管理局を使って反撃を開始したのである。

実際、外国資産管理局は、《親独派》経済エリートたちの巣窟になっていた。管理局のレオ・クロウレイ局長は当時、スタンダード・ガス&電気社の現役社長を務めていたが、同社は《親独派》財界サークルの強い影響下にある企業だった。同社はニューヨークの大物銀行家ビクター・エマニュエルに支配されていたが、この銀行家はなんとモーゲンソー財務長官が没収したIGファルベンの子会社GAFの取締役を務めていた人物だったのである。しかもエマニュエルはスタンダード・ガス&電気社を買収する際、ニューヨークのJ・ヘンリー・シュレーダー銀行の助けを借りていた。クロウレイ局長は、外国資産管理局の局長を務めるかたわら、スタンダード・ガス&電気社とJ・ヘンリー・シュレーダー銀行からも給料をもらい続けていたというから驚きだ。しかもこの外国資産管理局の法律顧問を務めていたのは、他ならぬジョン・フォスター・ダレスだった。ダレスはまたクロウレイ局長とも旧知の仲だった。つまり司法省傘下の外国資産管理局は、まぎれもなく《親独派》経済エリートたちの溜り場だったのである。

こうした事実を知っていたモーゲンソーは、GAFの運営権を外国資産管理局に引き渡すことに猛烈に反対し、財務省と外国資産管理局の間では壮絶な縄張り争いが展開された。しかし最終的には《親独派》に軍配が上がった。一九四二年四月、外国資産管理局が正式に財務省の任務を引き継ぐことが決定したのである。

そして「敵国」資産の運営権を握った外国資産管理局は、なんとGAFの経営権を《親独派》財界人たちに引き渡してしまう。一九四三年七月、モーゲンソー財務長官の命令でGAFの運営を任されていたロバート・マクコネルが解任され、代わりにかつてGAFの取締役を務め、親ナチスとして知られていたアーネスト・K・ハルバッチが同社の経営者の座に就いたのである。

外国資産管理局の要職を占め、GAFの新しい経営陣に就いた面々は、皆なんらかの形でIGファルベンと関係があった《親独派》の経済エリートたちであった。彼らがIGのアメリカ子会社の経営権を押さえ、事実上IGファルベンのアメリカ利権を保護したのである。

《親独派》の経済エリート集団は、アメリカの参戦以降もナチス・ドイツのパートナーたちと何とか取引を続けようと試みていた。そして彼らのドイツの利権を保護してもらうためには、ナチス親衛隊のヒムラーにも惜しみなく「裏金」を渡し続けた。またアメリカにおけるナチス企業の権益を保護するために、彼らの偽装工作にも積極的に協力していた。そしてこの工作が失敗してIGファルベンのアメリカ子会社が財務省に没収されると、今度は外国資産管理局という自分たちの影響下にある役所を使って、財務省からナチス企業の経営権を奪い返したのである。

アメリカという「善」がナチス・ドイツという「悪」を打ち破った、という教科書的な歴史観からは絶対に見えてこない歴史の一ページである。アメリカは決して一枚岩ではなかった。ナチスと取引を続けようとした経済エリートたちの影響力は、司法省や国務省にまで及び、アメリカの対独政策に大きな影響を与えていた。これに対しルーズベルト大統領やモーゲンソー財務長官らの反ナチス派は、イギリスのスパイ「イントレピッド」の組織とも連携しながら、こうした《親独派》勢力の動きを取り締まろうと努めていたのだった。アメリカはつまり、熾烈な内部抗争を抱え、対立する二派による一進一退の攻防を繰り返しながらあの戦争を戦っていたのである。

そして《親独派》勢力は、ドイツ財界との関係を密かに継続しながら、戦争の終結を今や遅しと待っていたのかもしれない。一九四三年のはじめ頃から、ナチス政府の高官から、和平を求めるシグナルがしきりに送られてきたからである。

「ヒムラー友の会」からの和平特使

一九四三年の初頭までに、ナチス経済エリートたちの間に大きな変化が生じていた。一九四二年末のスターリングラードでのドイツ軍敗退までは、ドイツの多くの企業家たちがアドルフ・ヒトラーに多かれ少なかれ忠誠を誓い、ユダヤ人の追放、労働者の弾圧、強制労働の導入等、ナチスのイデオロギーを日々の経営の中で実践していた。しかし一九四二年末のスターリングラードでの敗北は、ドイツの経済エリートたちに大きな衝撃を与えた。この歴史的敗北に引き続く一九四三年二月、ソ連は捕虜にしたドイツ将校の名前を使って自由ドイツ国民委員会を設立し、ドイツ国民に対し「ヒトラーに立ち向かう」よう大々的な宣伝活動を開始したのである。この日々拡大する共産主義の脅威は、ドイツ財界のエスタブリッシュメントたちを震え上がらせ、一刻も早い連合国との和平へと駆りたてたのである。

ヒトラーの権力奪取前からナチスを支援してきた銀行家のヒャルマー・シャハトはとっくに政

府を去り、兵器メーカーのオーナーでナチスの信奉者だったオスカー・ヘンシェルも、一九四二年十二月にすでに「戦況は絶望的である」との結論を出していた。こうした敗北感と拡大を続けるソ連共産主義の脅威は、ナチス親衛隊のハインリヒ・ヒムラー長官にも大きな不安と絶望感を与えていた。ヒムラーの右腕ヴァルター・シェレンベルクが後に明らかにしたところによると、一九四二年八月にヒムラーはシェレンベルクに対し、「ドイツが戦争に敗北する可能性を考慮して、われわれは西側との接触を開始し、いかにしてヒトラーを追い落とすかについての合意点を探り、(彼らと)和平を結んでソ連を封じ込めなくてはならない」と語っていたという。

すでに見たようにドイツ金融界や産業界のエリートたちは、ヒムラーの親衛隊との非公式チャンネルとして「ヒムラー友の会」を結成していた。ヒムラーをはじめとする親衛隊の高官と財界のエリートたちは、この非公式のサークルで、いかにして西側と交渉による和平を結び、来るべく「戦後」に備えるかを秘密裡に話し合ったにちがいない。戦況がドイツに不利になりだすと、「ヒムラー友の会」のメンバーである経済エリートたちは、海外経済問題に関する勉強会や小分科会などという平凡な名のビジネス・フォーラムを数多く設立し、戦後の経済計画についての研究を開始したのである。「ヒムラー友の会」のメンバーたちはつまり、すでに戦争終結後の準備にとりかかりはじめたのだった。

一方、一九四二年の十一月には、《親独派》アメリカ経済エリートの中心人物アレン・ダレスが、中央情報局(CIA)の前身である戦略情報局(OSS)のスイス代表に就任し、アメリカのための諜報活動を開始していた。戦火に包まれた大陸の中央に位置したこの中立国には、世界中のスパイが入り込んでおり、諜報活動にはうってつけの場所だった。ダレスは表向きベルンのアメリカ大使館に勤務する大使補佐官という肩書きをもらったが、実際の任務は、ドイツ内にいる反ヒトラー勢力の動向を探り、彼らの運動の進展具合を分析することだった。この任務のためにダレスは、正々堂々とドイツ人に会うことができたのである。

そんなダレスと、「ヒムラー友の会」のメンバーたちは、戦前からさまざまなビジネスでつながりがあった。そこでIGファルベン社のヘルマン・シュミッツやゲオルグ・フォン・シュニッツラー、それから「イントレピッド」によってアメリカから追放されたゲアハルト・ウェストリック等ナチスの財界人たちが、何度となく和平のための密使としてダレスのもとを訪れた。そうした初期のダレスとナチスの秘密交渉のクライマックスは、一九四三年の一月から四月にかけて三回行なわれたマックス・フォン・ホーエンローエとの秘密会談であろう。

ホーエンローエはズデーテン出身の貴族で、当時はスペインに住み、リヒテンシュタインのパスポートを持ってヨーロッパ各国を行き来していた。ヒムラーと近かったホーエンローエは、米独間の国交回復の可能性を探るために、ヒムラーに送られた密使だった。実はダレスとホーエンローエはお互いに知らぬ間柄ではなかった。二人はダレスがオーストリアの駐ウィーン米大使館の準随行員だった一九一六年にはじめて会い、第一次世界大戦後にホーエンローエが訪米した際には、頻繁にダレス兄弟の自宅を訪れていたのだった。

一九四三年一月十五日から四月三日までの間に、ダレスは三回ホーエンローエに会っている。このときの会談内容は、ダレスのナチスや共産主義に対する基本的な考え方を理解するうえできわめて重要である。ホーエンローエが記した報告書によると、ダレスは、「ドイツ国家が大戦後に、秩序と発展の原動力となる」ことを確信し、「ボルシェビズムや汎スラブ主義を食いとめる『防疫線』として、ポーランドの東方への拡大やルーマニアと強力なハンガリー」を望むと述べたという。また「アメリカと連合を組んだ大ドイツが、中・東欧の秩序ある再建を保証するのが最善のものだ」との認識を明らかにしたという。

ダレスはまた、信条や行動の基盤としての国家社会主義自体は否定せず、ただ、「アングロ・サクソン諸国で憤激している国民世論のために、アメリカ政府はヒトラーを戦後ドイツ国家の元首として認めるわけにはいかない」と述べ、「しかし親衛隊長官のヒムラーのような、ヒトラーに代わる有力な人物によって指導される国家社会主義ドイツであれば、喜んで交渉するだろう」と付け加えている。

戦後長い間、西側の歴史家たちは、このホーエンローエ報告の信憑性に疑問符をつけていた。この報告書は戦後ソ連軍によって没収されていたため、西側の歴史家たちは、「ソ連がこの書類を公開する前に、もとのテキストに大幅に修正を加えた可能性がある」と疑っていたのである。しかし歴史家のクリストファー・シンプソンが、アメリカ軍によって没収されていたまったく同じ内容の報告書を米国立公文書館で発見し、このホーエンローエ報告書の信頼性を確認している。

クリストファー・シンプソンによれば、このダレスの大胆な提案はヒムラー自身により真剣に検討されたが、ヒムラーは結局この時点では、ヒトラー総統を追い落とすために必要な勇気を奮い起こすことができなかったという。

アレン・ダレスは一九四三年四月七日に、この会談の模様をワシントンに電報で伝えている。この中でダレスは、ドイツ国内に「ソ連と一時的に提携することによって、強力な共産主義国家ドイツを作ろうと考えている一派が存在する」と述べ、「国内の秩序を保ち、共産主義に抵抗するためにはヒムラーの組織が最善の勢力だ」というホーエンローエの意見を伝えている。ダレスは、共産主義ソ連によるヨーロッパの独占を防ぐことが、彼の最大の任務だと考えていた。そしてその目的のためには、「ヒムラーを国家元首とするナチス・ドイツと和平を結ぶ」というオプションすら構想の中に入っていたのである。

ダレスの頭の中には、ナチスの戦争犯罪やらユダヤ人虐殺という「人道に対する罪」といった思考はほとんど存在しない。アメリカにとっての次なる敵は共産主義ソ連であり、その新たな敵と戦うためには誰と組むべきか。誰を利用するのが自国の利益につながるのか。こういった具体的で冷酷な判断があるのみで、彼の徹底したリアリズムには、陳腐な道徳主義やら薄っぺらな人道主義の入り込む余地はまったく存在しないと言ってよい。

こうしたダレスの考え方は、共産主義の拡大を防ぐために強いドイツを求めた、アメリカの《親独派》エスタブリッシュメントのメンタリティを明確に物語っている。一九二〇年代から

「強いドイツ」を求めてドイツ復興に邁進し、ヒトラーの再軍備に協力し、ドイツとの戦争を避けようとした《親独派》エリートたちに共有する基本的なコンセプトを、ダレスは完全に受け継いでいたのである。実際スイスにおけるダレスの活動は、《親独派》財界のさまざまな支援を受けていた。「ダレスがOSS時代もロックフェラー家のナショナル・シティー銀行から資金供与を受けていた」と指摘するのは、元アメリカ情報部員のリチャード・ハリス・スミスである。またOSSは当時、ヨーロッパにおける石油関連の情報をスタンダード石油（ニュージャージー）社から受けとっていた。

ロックフェラーを中心とする米国内《親独派》エリートたちは、自分たちの権益やドイツの産業界を守り、共産主義のヨーロッパでの拡大を防ぐために、対独戦の早期終結を望み、彼らと意見を共有するアレン・ダレスが、中立国スイスでナチスの密使と和平のための秘密交渉を重ねていたのである。

アレン・ダレスの和平工作とルーズベルトの「無条件降伏」政策

それからダレスのもとには何人もの密使がドイツから送られ、和平のための秘密折衝が持たれた。しかしドイツとの早期和平を試みるダレスの前に立ちはだかる大きな壁が存在した。他ならぬルーズベルト大統領である。同大統領は激しい反ナチス感情を抱いており、ナチスの侵略・残虐行為をドイツ国民全体の責任だと見なし、それゆえドイツを徹底的に痛めつけようと考えていた。こうした強硬な「反ドイツ」姿勢は、イギリスのチャーチル首相にも見られた。

一九四三年の一月十二日から二十三日、モロッコのカサブランカでこの英米首脳が会談し、「連合国は敵国が『無条件降伏』を受け入れるまで断固戦い続ける」との声明を発表した。ルーズベルト大統領が提案したといわれるこの「無条件降伏」政策は、スイスでナチスと接触を続けるアレン・ダレスの手足を縛りあげ、猿轡《さるぐつわ》をはめるようなものだった。言うまでもなく、ドイツ側が「無条件降伏」を受け入れる可能性はきわめて低かった。ダレスはこの政策に猛反対し、何度もワシントンに電報を送り異議を唱えている。

一九四四年二月十九日に送った電報の中でダレスは、「今となってはいかなる状況下においても、ドイツがたとえ部分的でも勝利を収めることは不可能である。ナチス機構は永遠に推進力を失った」とドイツの状況を述べた後、「われわれの政策は無条件降伏による軍事的勝利がすべてだ、という考えにもとづいているようだが、これは誤りだと思う。われわれ西側の人間は、今日のヨーロッパの潮流を左右する決定的な要素である、社会的・精神的な要素を理解できていない。この結果、ヨーロッパの舞台に広まりつつあるのは西側の力ではなく、ソ連なのだ」と述べて、西側が無条件降伏にこだわることでドイツ国民の希望を失わせ、その代わりにソ連の影響力が増している、と警告を発している。

また一九四四年七月十三日にも、「今日のドイツに存在する条件下では、ナチス体制に対するいかなる抵抗も、ただちに処刑されるという深刻なリスクと隣り合わせである。人は自分たちの行動により、もしくは自分たちの犠牲により自分たちの国の将来に何らかの貢献ができる、と感じることができないかぎり、このようなリスクを負うことはできないものだ」という電報を送り、アメリカが無条件降伏を要求するかぎり、ドイツ国内の反ヒトラー勢力は行動を起こせないというメッセージを伝えている。この電報は七月十五日にルーズベルト大統領のもとにも届けられているが、大統領はこのダレスの意見には目もくれなかったようだ。

それもそのはずで、ルーズベルト大統領の「無条件降伏」政策は、部分的にはナチス・ドイツと密かに和平工作を進めるダレスの動きを牽制するためのものだったからである。当時のルーズベルト政権は、対英関係と対ソ関係を強化することに尽力しており、一九四三年十月末から十一月初頭にかけてモスクワで開催された米英ソ外相会談では、「モスクワ宣言」が発表され、あらためてドイツに対する「無条件降伏」要求が謳われていたのである。「無条件降伏」政策の背後には、ルーズベルトを中心とする反ナチス強硬派と、ダレスを中心とする《親独派》との熾烈な路線対立が存在したのであった。

「サンライズ交渉」とヨーロッパにおける大戦の終結

そうこうするうちにドイツの戦況はますますきびしくなり、それにともなってナチス指導部やドイツ軍指揮官たちの間で、一刻も早い終戦を求める気運が高まっていった。特に一九四四年七月二十日のヒトラー暗殺未遂事件以降、ヒムラー親衛隊長官が送った無数の外交密使が、ロンドンとワシントンに殺到したという。「共産主義の西ヨーロッパへの進撃を防ぐため、英米独で同盟を作りドイツが即時ソ連を攻撃する」という虫の好い内容が、ヒムラー和平提案の骨子だった。ダレスのもとにも、イタリア人の牧師、オーストリア人の大富豪、ベルン駐在のドイツ大使館付空軍武官等が代わる代わるやってきて、ヒムラーの和平案を提示していった。

こうしたいくつかのチャンネルの中で、ダレスが重要視したのはバチカンだった。一九四四年の暮れ頃から、ダレスはバチカンを介してイタリアに駐留していたドイツ陸軍司令官と連絡をとりはじめていた。バチカンはイタリア半島で米独が戦闘を続け、イタリア人の生活がこれ以上悪化すれば、イタリア共産党のみが利益を得てしまうことを極度に恐れていた。言うまでもなく、神を否定する共産主義が広まることは、カトリック教会にとって脅威以外のなにものでもなかった。

またアメリカにとってこのバチカンの仲介は、戦略的に見ても好都合だった。米英軍がユーゴスラビアとの国境に位置するイタリアのトリエステにアクセスできれば、この地政学的に重要な港町を通って、ユーゴスラビア、ハンガリー、オーストリアへソ連軍に先んじて到達することができるかもしれなかったからだ。これら中欧諸国には、東から刻々とソ連の赤軍が迫っていた。

一九四五年の春頃から、ダレスはイタリアにおけるナチス親衛隊の幕僚長でヒムラー長官の信任の厚かったカール・ヴォルフ大将と和平交渉を開始した。これが後に有名になる「サンライズ交渉」である。ダレスがヴォルフと秘密交渉を開始すると、たちまちソ連が猛烈に抗議をはじめた。アメリカとソ連は同盟協定の中で、「敵国とのいかなる和平交渉も共同で行なう」ことを取り決めていたので、ソ連は「自分たちもサンライズ交渉に参加させろ」と口を挟んできたのである。交渉にソ連が入ってきたのでは元も子もない。ダレスはソ連の西方への進撃を食いとめるために、ドイツ側との早期終戦を望んでいたからである。

当時モスクワ駐在の大使をしていたハリマン財閥のアヴェレル・ハリマンは、「ソ連の参加はドイツ人を極度に緊張させるおそれがある」との理由にならない理由でソ連の参加要求を突っぱねた。スターリンは「もしアメリカがソ連の交渉への参加を拒否するのであれば、この交渉は即刻中止すべきだ」と強硬に主張して譲らず、ルーズベルト大統領はその数日後に直接スターリンに書簡を送り、スイスで行なわれているのは「交渉」ではなくて、現地司令官の降伏提案に関する「調査」である、と無理な説明をせざるをえなかった。

しかし、何とかして「サンライズ交渉」を潰そうと考えたスターリンは議論をエスカレートさせ、もしアメリカが同交渉を止めないのであれば、ソ連はルーズベルトがもっとも大事に考えていた戦後プロジェクトである国際連合に、「参加しない」とまで言い出したのである。諜報史に関しての著作を残しているリチャード・ハリス・スミス氏によると、この時期「モスクワ－ワシントン間の外交関係はもっとも緊張感が高まった」という。

ルーズベルト大統領は「無条件降伏」しか認めないと世界に宣言しており、スイスのダレスに対しても「無条件降伏以外の交渉は即刻打ち切るように」との指令を出していた。しかしダレスは、この大統領命令の抜け穴を見つけ出していた。公には「無条件」としながら、「紳士協定」としてドイツ側の条件を飲み、早期に決着をつける方法を考え出したのである。クリストファー・シンプソンが情報公開法で入手したアメリカ国務省の極秘文書によれば、ダレスはイタリア北部のドイツ軍の即時降伏と引き替えに、カール・ヴォルフ大将や一部親衛隊将校の身の安全を保障することに同意したという。

こうして四月二十二日、北部イタリアにおける全ドイツ軍約百三十万人が銃を置いて連合軍に降伏した。そしてこれがきっかけの一つとなり、ヨーロッパにおける戦争は遂に終結を迎えたのである。

第5章

冷戦を「演出」した反共の闘士たち

第二次世界大戦末期から、アメリカ政府内では、戦後の対独政策をめぐって激しい権力闘争が起きていた。戦前からアメリカ政財界エスタブリッシュメントの中には、「ドイツ経済の復興が資本主義世界の安定に重要だ」として、ドイツを政治的・経済的に支援してきた《親独派》のエリート集団が存在した。彼らはわかりやすく言えば「強いドイツ」を求める勢力であった。

一方、同じアメリカの支配者層の中には、ヒトラー政権誕生後のドイツを危険視し、とりわけ大戦勃発以降は、ナチス・ドイツの徹底的な破壊を求める勢力も存在した。この《反ナチス派》勢力の頂点に立つのはルーズベルト大統領で、大統領はアメリカの参戦以前から、ナチス・ドイツと戦うイギリスに同情的で、「アメリカを戦争に引きずり込もう」と暗躍したチャーチルのスパイ「イントレピッド」にも、さまざまな支援を提供していた。この勢力はいわば「弱いドイツ」を求めたわけだが、大戦が終わりに近づくにつれて、戦後の対独政策をめぐり、「強いドイツ」を求める《親独派》と「弱いドイツ」を求める《反ナチス派》の対立が、ますます激しく、そして顕著になっていった。

前者の「強いドイツ」論は、一九二〇年代から対独投資を行ないドイツ財界と親密な関係を築いたアメリカ財界エリートたちの支援を受けて、主に国務省や陸軍省の対独政策に大きな影響を与えていた。国務省と陸軍省の対独政策には多少の差はあったものの、その根底には、「ソ連を封じ込めるために強いドイツを再構築する」という共通の認識があった。つまり、「ヒトラー亡き後のドイツを、ソ連の拡大主義に対抗する経済的、政治的、そして軍事的な砦に再構築しよう」という思考である。そしてこのグループは、一刻も早くドイツを世界経済へ再統合させるために、ナチスの戦争犯罪者も寛大に処分し、特に「ナチスの経済エリートたちを裁くなどということをせずに、早々にドイツ経済復興のために働かせるべきだ」と主張していた。

この「強いドイツ」論の理論的指導者は、国務省のジョージ・Ｆ・ケナンであった。ケナンは大戦中から、ナチスの残虐行為に関して「戦争にこうしたことはつきものだ」と冷静に構えていたし、ナチスのユダヤ人に対する行為に関しても、「残念なことではあるが、アメリカ政府がわざわざ介入するほどの問題ではない」と言いきっていた。こうした空気は、多かれ少なかれ当時の国務省欧州課には流れていた。

これに対抗する「弱いドイツ」論は、ヘンリー・モーゲンソー・ジュニア財務長官を中心とする財務省に広く浸透していた。この《反ナチス派》は、「ドイツの大量殺人や、ヨーロッパ大陸全体から強奪を働いたことが許されていいはずがない。もしそれまでの戦争犯罪に関する国際法がナチスの虐殺に対処できないとするならば、新しい法的前例を作らなければならない」という理想主義的な考えの持ち主であった。当然このグループは、ナチスの戦争犯罪に対してきびしく臨むことを求めていた。

そこで財務省は、「ヒトラーの戦争準備やその遂行に貢献したドイツの財界人も戦争犯罪人として扱うべきであり、ドイツの大企業は解体されなければならない」と強く主張していた。とりわけ自身ユダヤ人だったモーゲンソーは、ナチス・ドイツに対し激しい憎悪の念を抱いており、「この戦争の責任はドイツ国民全体にある」と考えていた。このためモーゲンソーは、ドイツの産業界を完全に解体し、財界人を含むナチスのメンバーを根こそぎ豚箱にぶち込み、ドイツ国家を半永久的に弱体化させようとまで考えていたのである。

ドイツ経済の解体を食いとめたアメリカ財界の「意志」

一九四四年末までに、ルーズベルト政権内で影響力を高めていたのは、この「弱いドイツ」論を主張するモーゲンソー財務長官たちのグループだった。モーゲンソーは大戦中から、戦後いかにしてドイツを弱体化させるかを考え、ドイツ占領政策の青写真を描いていた。それはいわゆる「モーゲンソー計画」として具体化されたが、その骨子は「ドイツ軍需産業の完全なる破壊及び軍事力の基礎となる基幹工業の撤去・破壊、とりわけルール、ラインラント、北西ドイツの工業を除去したうえで将来も工業地帯として復活させないよう管理、しかも工業設備は終戦後六カ月以内に完全に解体し撤去する」といううきびしいものだった。

モーゲンソーはドイツ経済力の徹底した破壊を企図し、ドイツをヨーロッパの先進工業国家から平凡な一農業国家へと転換させようと考えたのであった。モーゲンソー派はドイツにきびしくあたる一方で、ソ連に対しては非常に友好的な姿勢を見せていた。モーゲンソーの側近ハリー・デクスター・ホワイトは戦後共産主義のスパイだったとの容疑をかけられたほど、反ナチス、反ファシズム、そして親ソ感情を持っていた。ホワイトに代表されるように、モーゲンソー派はソ連共産主義に同情的であり、戦後のアメリカの対外政策をドイツではなく、ソ連との協調のもとで進めていこうと考えているグループだった。

このため「反共」イデオロギーの強かった陸軍省や国務省の高官たちが、このモーゲンソー・グループとぶつかったのは当然のことであった。陸軍省は実際に戦後ドイツの占領・軍政にあたることになっていたが、彼らがまとめたドイツ占領の基本方針案は、モーゲンソー計画と真っ向から対立する内容だった。陸軍省の方針は、「効率的で円滑なる占領政策を推進する意図から、ドイツの迅速な経済復興に最大の重点を置いていた」のである。陸軍省や国務省はドイツを立て直すことで、ソ連共産主義の拡大を食いとめようと考えていたので、モーゲンソー派とは対外政策の基本戦略がまったく正反対だったのである。

こうして政権内では「モーゲンソー率いる財務省」と「反共の陸軍省と国務省連合」による熾烈な政策論争が繰り広げられたが、モーゲンソー財務長官がルーズベルト大統領の信任が厚かったこともあり、一九四四年末の時点ではモーゲンソー派の影響力が勝っていた。この年の九月には、モーゲンソー計画をもとにして作られた戦後ドイツ占領政策の指針「JCS1067」が、ルーズベルト政権の基本政策として承認された。つまり「弱いドイツ」論がアメリカの対独政策の基本方針として採択されたのである。このとき劣勢に立たされていた陸軍省と国務省が唯一できたことは、「JCS1067」に災禍・騒擾《そうじょう》条項を滑り込ませることだった。これは占領軍がドイツでの災禍・騒擾を防ぐという目的に限って、必要な経済的措置を講じてよいとする条項であった。後に陸軍省はこの条項を拡大解釈してなし崩し的にドイツ再建を成し遂げるのだが、少なくともこの時点では「弱いドイツ」論がアメリカの対独政策の柱となっていた。

ところが一九四五年四月にルーズベルト大統領が急死すると、風向きが大きく変わりはじめ、両者の力関係にも劇的な変化が生じてくる。モーゲンソーを中心とする《反ナチス派》が急速に力を失い、代わって陸軍省や国務省の《反共の闘士たち》が力を増していくのである。モーゲンソー等《反ナチス派》がルーズベルト大統領という後ろ楯を失ったのに対し、陸軍省・国務省の《親独派》は、財界の強力なバックアップを得てぐいぐいと巻き返しにかかった。この時期、名門投資銀行や巨大製造業の経営に携わっていた財界エリートたちが、次々にワシントンにやってきて政府の重要なポストに就いたのである。

元ディロン・リード商会の役員で、「ウォール街の鬼才」と呼ばれたジェームズ・フォレスタルは、海軍次官から国防長官へと昇格。ウォール街の名門ブラウン・ブラザース・ハリマン商会の元共同経営者でプレスコット・ブッシュの同僚だったロバート・ロヴェットは、陸軍次官補から国務次官に就任。また元ゼネラル・モーターズ副社長兼USスチール社長のエドワード・ステティニアスが国務長官に任命され、世界最大の綿花貿易会社アンダーソン・クレイトン商会のウィリアム・クレイトン元社長が国務次官補に抜擢された。

そして実際にドイツの占領にあたるアメリカ軍政局の長官にはL・クレイが就任し、元ディロン・リード商会の共同経営者ウィリアム・ドレイパーが経済問題の長官を務めることになった。ドレイパーのアシスタントには、リパブリック・スチール社のR・ワイザー社長やAT&T社のF・デヴェロー副社長が任命されたが、この二人は後に「ドイツで商業活動を再開させることだけに奔走した」として上院で糾弾された人物である。

こうして《親独派》の経済エリートたちが、一九四五年夏までに政府に「引っ越し」てきて、政権内の支配的な地位に就いていた。このため、モーゲンソー派は急速に閑職に追いやられ、ポツダム会談の前夜には、遂にモーゲンソー自身も財務長官辞任を余儀なくされた。モーゲンソーの後任としてこのポストに就いた人物は、オランダの政治学者ケース・ウィブスによれば、「いちじるしくドイツ寄りの銀行家」ジョン・スナイダーであった。

こうしてモーゲンソー派が作った「JCS1067」を葬る体制が整った。このアメリカ対独政策の大転換という離れ業を成し遂げたのは、前述した元ディロン・リード商会のウィリアム・ドレイパーだった。ドレイパーは「ＪＣＳ１０６７」の抜け穴とも言える災禍・騒擾条項を最大限に利用した。これは飢餓や病気、社会不安を防ぐという目的のためには、必要な経済活動が許されるという例外的な条項であった。しかしドレイパーやその上官であるクレイ軍政長官は、この条項を大幅に拡大解釈して適用し、ドイツの非軍事化・非工業化を狙った「ＪＣＳ１０６７」を実質的に葬り去ったのである。

「われわれは『ＪＣＳ１０６７』には大して注意を払わなかった。私をワシントンに引き戻そうとするいくつかの試みがあり、私が『ＪＣＳ１０６７』を履行していないと非難する者もいたが、クレイ将軍は常に私を守ってくれた。彼は私がこの職務に就いているかぎり、あんな政策を履行することがないことを、完璧に理解していたのだ。私たちは戦い抜き、そして最後にワシントンを説得したのだ」とドレイパーが後に語っているように、クレイやドレイパーは最初から「ＪＣＳ１０６７」を履行する気などさらさらなかったのだ。

当時、財務省のほかに「弱いドイツ」を求めて活動する組織がもう一つあった。司法省である。司法省はドイツにおける過度の資本集中が、ヒトラーの全体主義体制に貢献したとして、ドイツの産業集中化を排除し、巨大トラストやカルテルを解体しようと決意していた。ドイツ版の財閥解体である。このカルテル排除の責任者としてドイツに派遣された法務官のジェームズ・スチュアート・マーチンは、ＩＧファルベン社をはじめとするドイツの巨大企業連合の圧倒的な力と、財界とナチス政府の緊密な協力体制を知ってショックを受け、こうした巨大企業を解体することに執念を燃やす。しかしマーチンが熱心に職務を遂行しようとすればするほど、どこからか邪魔が入ってなかなか仕事がはかどらない。マーチンはワシントンで権力争いが演じられ、「強いドイツ」を求める勢力が勝利を収め、「弱いドイツ」を求めるはずの占領政策がすでに有名無実化されていたことを知りうる立場にはなかった。こうした事情を知らずに「弱いドイツ」を求めたマーチンは、行く先々でドレイパーの妨害を受けて苦しめられた。結局、ドレイパーの政策に反対して辞任したマーチンは、後にドイツの大企業がアメリカの大企業とつながっていて、ドレイパーらは彼らの利権を守るために働いていたことを知り、怒りを込めて以下のように書き記している。

「二年と半年後にドイツから戻った私は、きわめて明快に、自分が丸ノコと格闘しつづけていたという事実に気がついた。私たちはドイツにおいて、ドイツの財界人に止められたのではなく、アメリカの財界人に止められたのだった。われわれを止めた勢力は、アメリカから影響力を行使していたのだが、それは公然と誰の目にもわかるように活動していたわけではなかった。われわれは議会が作った法律によって止められたわけではなく、大統領や彼の閣議メンバーの行政命令によって止められたわけでもなかった。要するに、われわれを止めたものは『政府』ではなかった。しかし、それは明らかに『政府』を動かす指揮経路を持っていたのである」

マーチンはさらに続けて語る。

「拡大する経済権力に直面する政府の無力さというテーマは、もちろん、新しいものではない。二つの世界大戦の間、世界経済におけるもっとも重要な出来事は、領土や市場がイギリス、ドイツ、アメリカの巨大企業の間の私的な協定によって分割されたことであった。この協定には小規模ながらフランス、イタリア、そして日本の企業も参加していた。こうした巨大勢力が世界情勢を決めていったのに対して、各国の政府はただ傍観しているのみだったのだ」

この言葉が明確に物語るように、マーチンは「ドイツ産業界の解体を食いとめ、強いドイツを復活させる」というアメリカ財界の強力な意志によって止められたのだった。「強いドイツ」を求めた反共派＝《親独派》は、現場における実権を握り、モーゲンソーの作った「ＪＣＳ１０６７」を事実上棚上げにした。紙に書かれた政策と、実際の履行とは別のものだったのである。こうして《親独派》は、ドイツ経済の解体を食いとめ、再びドイツの復興のために邁進していったのである。

ちなみにドレイパーはこの後一九四八年一月に、「ドイツの財閥解体を食いとめた」実績を買われて、今度は日本の財閥解体を有名無実化するために東京行きを命じられている。

ドイツの技術を奪いとったアメリカ

アメリカ国内の《反共の闘士たち》は、「強いドイツ」を求めてドイツの復興を助けたが、彼らは何もドイツ人の利益のためだけにこうした親独政策をとっていたわけではなかった。これは戦前の二〇年代から共通していることだが、あくまでアメリカ側の利益にかなっていたためにドイツを支援したまでのことである。つまりドイツの復興を助けることが、アメリカの「国益」にとって重要だったからそうしただけのことである。アメリカのこの徹底した国益追求の姿勢は、同国のドイツ占領期の諸政策にはっきりと現われている。

アメリカはドイツ占領期に、ドイツ企業が保有したパテントや科学データ、それに技術ノウハウ等の財産を奪いとり、アメリカ産業界の発展に役立てていた。一九四七年に開催されたモスクワ外相会議で、当時のモロトフ露外相が、西側連合国のそうしたドイツ財産の搾取額はざっと見積もって百億ドルにのぼると公言していたが、ドイツ占領期のアメリカの政策を調べた歴史家ジヨン・ギンベルによれば、このモロトフの見積もりはかなり現実に近い数字であったという。

ドイツの進んだ技術を奪いとってしまおうという政策の起源は、一九四四年に出された科学研究開発局の提案に見られる。このときヴァンエバー・ブッシュ同局長は、「日本との戦争に役立てるためだけでなく、アメリカの産業界が世界貿易における現在の立場を維持し、また戦後兵役を終えた兵士たちに雇用機会を提供するためにも、ドイツ産業界の技術情報を獲得すべきである」と提案していた。

一九四四年末にドイツの技術を獲得する計画が公にされると、政府に獲得してほしい技術のリクエストが、民間企業から山のようにワシントンに寄せられた。例えばゼネラル・エレクトリック社は、ドイツ企業が持つ真空管、セレン整流器、抵抗器、熱電対に関する情報を獲得するよう政府に求めたと記録されており、また化粧品大手のヘレナ・ルービンスタイン社は、「ドイツ化粧品産業の営業秘密を調査」し、「アメリカのメーカーが戦前にドイツから輸入していた化粧下地の処方書を入手するために」自社の化学者を直接ドイツへ送り込んで調査にあたらせたという。

多くの場合、ドイツの技術や製品に関するこうした調査は、政府のコンサルタントと称して雇われた民間企業の専門家たちが、軍服を着こんで行なっていた。一九四五年八月末までにこうした専門家は、二千あまりに及ぶドイツの技術を食い物にし、合成ゴム、冷鋼圧延処理、赤外線、光学ガラス、電子顕微鏡、電気回路遮断器、極性を持ったリレー、風洞、アセチレンガス、エックス線管、セラミック、染料、テープレコーダー、ディーゼル・エンジン、殺虫剤、カラーフィルム加工、バター製造機、ラジエータコアを作るための溶接手順等、アメリカの産業界にはなかった技術やアメリカよりはるかにすぐれていた技術ノウハウのほとんどすべてを、アメリカ産業界の発展に役立てるために奪いとった。こうした技術情報のいくつかはアメリカの防衛産業に送られ、対日戦にも多少は役立てられたと言われているが、日本が予想より早く一九四五年八月十五日に降伏してしまったため、その後はもっぱら「アメリカ産業界の競争力を高める」という目的のためだけに、ドイツの技術がアメリカ企業に渡されたのである。

ミュンヘンのBMW社には、数多くのアメリカの航空専門家が訪れ、当時三億二千六百万マルクと見積もられた同社の実験データ五十箱分が、彼らの手でアメリカに持ち去られた。またオートバイ産業の代表団も、ＢＭＷのオートバイモデルに関するマイクロフィルム、設計図やデータを持ち帰り、同社の自動車部門も同様に最新モデルの製図と設計図を丸まる二セット、アメリカの訪問団に持っていかれたという。

またＩＧファルベン社の子会社の一つで金属工業大手アノルガナ社は、実に四百名を超えるアメリカの調査員や科学専門家の訪問を受けた。こうした「調査員」たちの中には、何日間にもわたって同社のあらゆる記録をマイクロフィルムに収めて帰った者もいた。またドイツのデュッセルドルフにある同社は、この種の機械としては世界で唯一存在した、鋳物中の不純物を遠心力で除去する機械の設計図と製図を三セット、アメリカ人の手に渡すことを強要された。それまでこうした設計図の類は、当然のことながら同社の最高機密として厳重に管理されていた。この他シエーネベックにあるメッサーシュミット工場からは、当時世界でもっとも高性能と言われていたＭＥ－１６２ジェット・タービン五十基、ＩＧファルベン社からは化学や電気関係の設備、ヴァイダにある物性技術研究所からはラジウムやその他原子力関係の資料すべてを持ち去られたのだった。

こうしてアメリカは、ドイツの進んだ技術やノウハウを「戦利品」として持ち帰り、戦後のアメリカ経済発展のために大いに活用したのであった。アメリカの産業界はしかし、こうしたドイツ企業の設計図やサンプルを奪いとるだけでは満足しなかった。モノより価値のあるヒト、つまりドイツの優秀な科学者たちをアメリカに連れてきて、アメリカの産業発展に役立てようと考えたのである。

ナチスの科学者ハント「ペーパークリップ作戦」

アメリカ政府はすでに第二次世界大戦勃発直後にロンドンに事務所を構え、ドイツの科学技術全般に関する情報や、有能な科学者に関する情報収集にあたらせていた。アメリカもイギリスも、通信とレーダーを除くすべての戦争関連技術において、ドイツの技術が連合国のそれを上回っているとの確信を持っていたからだ。そして終戦が近づくにつれて、彼らはドイツの進んだ技術やそうした技術を持つ科学者たちの行方に気を揉むようになっていた。彼らの一番の関心事は、こうした技術や技術者が将来の敵であるソ連の手に渡らないようにすることだった。そこでソ連に戦利品が渡ることを防ぎ、かつアメリカ産業界の発展にも役立つ一石二鳥の解決策として、ドイツ人科学者をアメリカへ連れてくるという計画が持ちあがったのである。

この計画を最初に提案したのはアメリカの情報機関だった。米中央情報局（CIA）の前身にあたる戦略情報局（OSS）のビル・ドノバン長官と、OSSスイスの代表アレン・ダレスは、一九四四年十二月に「ナチスの科学者たちをアメリカへ入国させる許可を与えてほしい」とルーズベルト大統領に懇願していた。ルーズベルトはこの提案を却下したが、ダレスはあきらめずに「ドイツ人科学者を受け入れることの重要性」について、ワシントン宛ての書簡の中で繰り返し説明していた。そしてこの情報部員たちの提案は、化学関連産業を中心としたアメリカ企業の支持を得てしだいに現実味を帯びていく。ベル電話研究所、ウェスタン・エレクトリック社、ダウ・ケミカル社、アメリカン・オプティカル社等大企業の代表者たちが、一九四五年三月までに「ドイツにいる最高レベルの科学者のアメリカへの招聘を許可してもらいたい」という内容の請願書を陸軍省に提出し、ダレスたちの動きをバックアップしたのである。これを受けて陸軍省は、ドイツのロケット計画や造船、冶金といった分野で業績をあげたすぐれた科学者にターゲットを絞り、彼らに関する詳細なリストを作りはじめた。

アメリカ政府がドイツ人科学者の利用を決めた背景に、当時先鋭化しつつあったソ連との対立があったことは間違いない。一九四五年六月に、ラジオ・コーポレーション・オブ・アメリカ社の社長で政府にも影響力の強かったデイヴィッド・サーノフが、トルーマン大統領の科学顧問宛て書簡の中で、以下のように記している。「(ドイツの)科学情報も大事ですが、われわれは科学者も手に入れなければなりません。彼らを見つけ出し、アメリカの指導と管理のもとで科学実験を続けさせるようにわれわれの側に招きよせなければ、親愛なるソ連の隣人に先を越されてしまうでしょう」。このサーノフの発言は、当時のアメリカ財界エスタブリッシュメントのソ連に対する不信感を、明確に示したものと見てよいであろう。

当初アメリカ政府は、継続中の対日戦の即戦力になるとしてドイツ人科学者の受け入れを認め、とりわけアメリカのロケット計画にドイツ人を協力させようと考えた。そして一九四五年七月十九日、統合参謀本部は「オーバーキャスト作戦」という計画を仮承認し、最高三百五十人のドイツ人科学者や技術者を、半年間に限りアメリカに入国させることが決定した。しかし広島と長崎に原爆が投下されるや、日本は予想外に早く降伏してしまい、「対日戦のためにドイツの技術を利用する」という大義名分が失われてしまった。そこでオーバーキャスト作戦は、「ドイツの再軍備やソ連によるドイツの高度技術の使用阻止」という目的に変更され、八月十五日に正式承認された。

こうして一九四六年初頭までに、正確な数字はわからないものの、少なく見積もっても百五十人にのぼるドイツ人科学者や技術者がアメリカに連れてこられ、アメリカの科学技術の進歩・発展に貢献した。しかしアメリカ政府当局はすぐに、彼らの専門知識が予想以上に利用価値が高く、短期間でドイツに帰してしまうのはもったいないことに気がついた。それにライバルのイギリスやフランス、そしてソ連はすでにドイツ人科学者の長期間にわたる利用計画をスタートさせていたのである。そこで陸軍省内でもっとも影響力の強かった国務・陸軍・海軍三省調整委員会（SWNCC）は、「ロシア人たちはすでにこうした専門家たちの長期的な利用を積極的に進めている。アメリカがすばやく対応しないかぎり、好ましい人材はすべて散り散りに去ってしまうか、消え失せてしまい、アメリカは彼らの専門知識を失うことになるだろう」と結論づけ、早々にドイツ人科学者の長期的な雇用を開始するようロビー活動を展開した。

これを受けて一九四六年九月六日、トルーマン大統領は、暗号名で「ペーパークリップ作戦」

と呼ばれたドイツ人科学者の長期利用計画にゴーサインを出し、「アメリカの国益」と「安全保障上」必要とされたドイツ人及びオーストリア人科学者や技術者を、移民法のもとでアメリカに入国させることを許可したのだった。

しかしここで問題となったのは、こうしたドイツ人科学者たちの中に、大戦中に強制労働や人体実験などの戦争犯罪に関わった人物が多数含まれていたことだった。「ペーパークリップ作戦」は表向き、「ナチズムや軍国主義の積極的な支持者にはアメリカへの入国を認めない」という条件がつけられていたのである。そこで政府当局は、候補者のファイルにこの条件に抵触しそうな個所があった場合はすみやかに削除し、また新たに作成される書類には、候補者の承認却下につながりそうな否定的な情報はいっさい掲載しないよう細工をして、戦争犯罪者であってもアメリカに入国できるようにしたのだった。

こうしてナチズム体制下で戦争犯罪に手を染めたドイツの科学者たちが、「ペーパークリップ作戦」を通じてアメリカにやってきた。この作戦で実際何人くらいの戦争犯罪人がアメリカに移住したのか、正確な人数を特定するのは不可能である。しかし、一九四六年から一九五五年までに実に七百五十人以上の科学者や技術者、専門家が「オーバーキャスト」、「ペーパークリップ」両作戦や他の同様な計画のもとでアメリカに入国しており、このうち少なくとも半分は元ナチスか元SS（親衛隊）だったと言われている。

では具体的にはどのような人物がアメリカに連れてこられたのだろうか。その代表的な人物の一人が、ヴァルター・ドルンベルガー将軍である。ドルンベルガーは軍人だったがSS隊員ではなく、戦争犯罪人として訴追されたこともなかったので、アメリカが利用するには最適なドイツ人だった。ドルンベルガーはドイツ国防軍砲兵部隊の将校で、ナチス・ドイツの軍事ロケット研究に関して指導的な地位に立つロケットの専門家だった。

ドルンベルガーは大戦時、ヒトラーの秘密兵器と言われたV2ロケットの大量生産に執念を燃やし、ヒトラーを説き伏せてノルトハウゼン近郊にロケットを大量生産するための巨大な地下工場を建設することを認めさせた人物だった。この工場にはドーラ強制収容所から多数の囚人が送り込まれ、彼らは劣悪な環境の中で文字通り死ぬまで働かされた。このロケット計画では少なくとも二万人の囚人が飢えや病気、過労のために死んでいるが、ドルンベルガーは同工場の生産スケジュールを管理する立場にあり、「囚人を死ぬまで働かせた」責任の一端を確実に担っていた。しかしドルンベルガーのこうした過去は、アメリカの国益と天秤にかけられた結果、「取るに足らないもの」と判断された。

一九四七年、ドルンベルガーはアメリカ空軍の手で密かにアメリカに連れてこられ、オハイオ州デイトン近郊の空軍基地で秘密のロケット計画に参加した。そして五〇年にはベル航空会社の研究所に移り、その後にはベル・エアロシステムズ社の副社長を務めた。また五九年にはアメリカ・ロケット協会の宇宙航空科学賞を受けるなど、八〇年六月に永眠するまで、アメリカ市民として栄誉ある人生をまっとうしたのである。

この他、海水への人体の耐性を高めて海に墜落したパイロットの生存率を向上させる実験を行なっていたヘルマン・ベッカー＝フライジング博士や、その助手コンラート・シェーファーなどの悪名高き科学者たちも、ペーパークリップ作戦の恩恵を受けてアメリカにやってきた。ベッカー＝フライジングとシェーファーは、この実験のためにハインリヒ・ヒムラー親衛隊長官に頼んで、四十名の「健康な実験台」を収容所から調達し、ダッハウの囚人を使って、「食料と真水の補給をいっさい断ち、さまざまな化学物質で処理された海水の中で生存させる」というとんでもない人体実験を行なったことで有名である。

こうした戦争犯罪にもかかわらず、ベッカー＝フライジングはアメリカ空軍においてナチス時代の航空実験をまとめる任務を与えられ、途中戦争犯罪を追及されてニュールンベルク裁判で裁かれるが、アメリカ空軍が出版した『第二次世界大戦時のドイツ航空医学』の編集には最後まで携わり、獄中で同書の序章を執筆した。またシェーファーは一九五一年に過去を暴かれてドイツに強制送還されるまで、テキサスで研究を続ける機会を与えられたという。

「オーバーキャスト作戦」や「ペーパークリップ作戦」は、「アメリカの国益や安全保障のために必要だ」という大義名分のもとで開始された。「元ナチスや戦争犯罪人は雇わない」という当初の条件も、その大義名分のもとでなし崩し的に緩和され、戦争犯罪に携わった多数の科学者や技術者がアメリカに雇われた。そしてこの大義名分はやがて、《反共の闘士たち》に際限のない拡大解釈の余地を与え、アメリカによる元ナチス利用は科学者や技術者という枠を超えて、「アメリカの国益と安全保障上」必要とされたあらゆる分野へと拡大されていくのである。

米ソ対立を激化させたナチス残党の活動

「対ソ戦のために元ナチスを雇う」という発想は何も戦後新しく生まれたものではない。第一次世界大戦後の荒廃したドイツの復興を助け、拡大を続けた共産主義革命の脅威と戦い、世界大恐慌で再び大不況の波に飲まれたドイツを安定させ、「強いドイツ」を作るためにファシズムを支援したアメリカのエリートたち。彼ら《反共の闘士たち》は、第二次世界大戦が勃発し、アメリカが参戦してからも、資本主義を否定する共産主義ソ連に対する警戒心を抱き続けていた。大戦中を通じてアレン・ダレスはスイスでナチスと接触を続け、ナチス・ドイツと和平を結ぶチャンスをうかがっていたのだ。ヒムラー親衛隊長官が、「英米と和平を締結し一致団結してソ連と戦う」という提案を何度となくダレスや連合国高官に持ち込んでいた事実を思い出さなくてはならない。「ドイツと組んでソ連と戦う」、もしくは「ソ連にドイツをぶつける」という戦略的発想は、すでに数十年来、ダレスのようなアメリカ反共エリートの頭の中にインプットされ続けた考え方だったのである。

こうした戦略的思考の延長線上で、「元ナチスを雇って対ソ秘密工作に利用する」という発想が自然と生まれてきた。かつてアメリカ陸軍対敵諜報部（ＣＩＣ）に属し、元ナチスと共に働いた経験を持つジーン・ブラメルは、「『なぜナチスを使ったのだ』などと言いますが、それは馬鹿げた質問です。南ドイツで仕事をするのに、彼らなしではやっていけません。われわれはアメリカ人なのです。ドイツ語はかなり喋れますが、食事の注文が終わらないうちに、もう私がアメリカ人だということはばれてしまう。われわれよりドイツ語ができるのはいったい誰なのです？もっとも組織されているのは誰なのです？　共産主義に一番敵意を持っているのは誰なのです？元ナチスじゃないですか。彼らを利用しないなんてまったくおかしい。われわれは確かにナチスを利用しました。しかし、イギリスも使ったし、フランスも、ソ連もナチスを使ったのです」と述べている。

こうして元ナチスを利用した秘密作戦がはじまったわけだが、アメリカが最初に目をつけた元ナチスの大物は、元ドイツ陸軍東方情報部責任者のラインハルト・ゲーレンであった。ゲーレンは当時ソ連に関する膨大な戦略情報を持っており、これに加えて旧ナチス占領地の過激な民族主義者やファシスト組織、それに反共産主義者の亡命者組織等に幅広いネットワークを有していた。アメリカの情報機関がのどから手が出るほど欲しかった情報である。

実はこうした情報やネットワークを持ってアメリカ情報機関に接近したのは、ゲーレンのほうだった。ゲーレンはすでに一九四四年秋の時点でアメリカに降伏することを考えており、そのときに備えてソ連に関する膨大な資料をマイクロフィルムに収めてアルプスの山中に埋めていた。そして一九四五年に降伏したときに、こうした情報と自分自身をアメリカ陸軍に売り込んだのである。すでに元ナチスのリクルートをはじめていたアメリカ陸軍や、ゲーレンのネットワークに興味を持っていたOSSのダレスが、このゲーレンの申し出を歓迎したのは言うまでもない。

こうしてゲーレンの持つソ連情報を利用し、対ソ工作に役立ちそうな地下スパイ組織を再構築する計画が実行に移された。第二次世界大戦後の十年間でアメリカは、二億ドル以上の資金と四千人の人員を注ぎ込んで、ゲーレンの持つ組織、ゲーレン機関の再建にあてた。終戦時点のアメリカ情報機関は、ソ連に関する戦略情報をほとんど持っておらず、ソ連国内の道路や橋、工場の位置や生産能力、都市計画や空港といったごくごく基礎的な資料すら持っていなかった。そんなアメリカ情報機関にとって、ゲーレン機関はソ連の内部事情を知るための目となり耳となったのである。冷戦初期にアメリカが得たソ連軍事力に関する情報の実に七十パーセントが、ゲーレン機関からのものであったと言われている。

このアメリカ情報機関によるゲーレン機関の利用はしかし、大戦後の世界情勢に深刻な影響を及ぼすことになる。ゲーレン機関が、ソ連の軍事的な脅威を実際以上に「巨大なもの」「差し迫ったもの」という印象を与える報告を出し続けたことで、アメリカ政府の対ソ不信感が増大し、結果として冷戦をエスカレートさせてしまったからである。ゲーレンたちの立場からすれば、ソ連の脅威が大きければ大きいほど、アメリカにとって彼らの組織は利用価値の高いものになった。ゲーレンたちがソ連の脅威を強調して報告するのは当然と言えば当然だったのだ。問題だったのは、アメリカ情報機関がソ連情報に関してあまりにもゲーレン機関に頼りすぎたことである。これによりアメリカ政府高官のソ連に対する偏見が極端に強められ、冷戦を必要以上に激化させる結果となったのである。

またゲーレン機関の利用は、アメリカの安全保障にも深刻なマイナス効果を及ぼした。ゲーレン機関はソ連国内や東欧諸国で活動する民族主義団体や反政府ゲリラ組織、それにかつてナチスが支援した亡命者組織に幅広いネットワークを有していた。ゲーレンはこうしたネットワークを生かして幅広いソ連情報を収集しただけでなく、アメリカから得た資金をこうした組織に流し、破壊工作、宣伝工作にあたらせていた。ところが、こうしたゲーレンが利用した亡命者組織の多くに、ソ連の二重スパイが入り込んでいたことが後になって判明したのである。アメリカはゲーレン機関を通じて、ソ連・東欧に反共産主義の強力なスパイ組織を作ろうとしていたのだが、実際には、ソ連のスパイたちにアメリカ情報機関に浸透させるチャンスを与えてしまったのである。

国外での秘密工作の失敗が、国内に予想外のマイナス効果を引き起こすことを、情報機関関係者の用語で「逆流《ブローバック》」と呼ぶが、アメリカによるゲーレン機関の利用は、諜報史上に残る深刻なブローバックを引き起こし、米ソ対立にさらに拍車をかける結果となったのである。

アメリカ陸軍にスカウトされた「リヨンの殺人鬼」

元ナチスの科学者やゲーレン機関を使ってさまざまな秘密工作を仕組んだアメリカ政府内の

《反共の闘士たち》は、精力的にナチスの戦争犯罪人を追跡し逮捕した。彼らは膨大な数の戦争犯罪人を逮捕して尋問し、さまざまな証拠を収集し、こうした資料がニュールンベルク裁判で戦争犯罪人を裁くための基礎となった。ところがアメリカ陸軍の《反共の闘士たち》は、表向き元ナチスを追跡し逮捕する一方で、裏ではその元ナチスたちを密かにエージェントとして雇い、保護する工作も行なっていた。元ナチスの戦争犯罪人の膨大なリストの中から、情報活動に使えそうな人物を探しては、対ソ秘密工作のエージェントとして雇っていたのである。

こうしてアメリカが「逃亡」させた元ナチスの中に、有名なクラウス・バルビーがいた。バルビーは終戦時、フランスのリヨンにおけるナチス親衛隊諜報部の司令官を務め、フランスの抵抗運動を鎮圧する任務に就いていた人物である。戦後フランスの裁判所が行なった調査によれば、リヨン時代のバルビーは八千人以上を強制移送により死に追いやり、四千人以上の殺害に関与し、一万五千人以上のレジスタンスの参加者に拷問を加えたとされている。しかし実際には、この数字をはるかに上回る数のレジスタンスのメンバーやユダヤ人を虐殺したと言われ、「リヨンの殺人鬼」の異名を持っていた。

バルビーは本来ならば戦後すぐにでも戦犯として逮捕され、ニュールンベルク裁判で裁かれてもおかしくはない犯罪歴を持っていた。しかしアメリカの《反共の闘士たち》が、バルビーの諜報活動における実績に目をつけたために、「リヨンの殺人鬼」は戦後アメリカの保護のもと、新たな任務に就くことになった。

一九四七年八月十八日、アメリカ占領下のドイツの町メミンゲンのカフェで、三人の男が何やら密談を交わしていた。一人はドイツ国防軍防諜部の元大尉クルト・メルクで、もう一人はアメリカ陸軍対敵諜報部隊（ＣＩＣ）将校のロバート・テイラー。そして三人目が、当時戦争犯罪人として追われる身だったクラウス・バルビーであった。バルビーとメルクは大戦中にフランスで共に協力して働いた仲で、メルクはすでに一九四六年にＣＩＣのエージェントになっていた。そこでメルクは、かつての同僚であったバルビーをこのアメリカ陸軍の将校に紹介するために、この会談をセッティングしたのだった。

ＣＩＣはすぐにバルビーを雇うことを決め、それから四年間、バルビーはアメリカ陸軍のエージェントとして働いた。ＣＩＣはバルビーにメミンゲンのホテルの一室を用意し、バルビーの家族も呼び寄せ、タバコや薬品、砂糖やガソリンを手渡した。バルビーはこうした物資を闇市で売って活動資金を捻出した。バルビーに与えられた任務は、フランス占領地区及びアメリカ占領地区でのフランス諜報機関の活動を調査することだった。アメリカの《反共の闘士たち》は、フランス諜報機関が共産主義者に侵されていて、ソ連の密かな同盟者ではないかと睨んでいたのである。バルビーとメルクはまたたくまに七十人のエージェントを組織し、ドイツ南部から東ヨーロッパにまたがる地域をカバーする広大なネットワークを築きあげた。

バルビーたちのこのネットワークは、ＣＩＣに数々の貴重な情報をもたらしたが、やがてフランスの諜報機関は、アメリカがバルビーをかくまっているという事実を嗅ぎつけ、アメリカにバルビーの引き渡しを要求しはじめた。しかしフランスのことを調べていたアメリカが、バルビーの引き渡しに応じるはずはなかった。そこで一九五〇年十二月、アメリカはバルビーと彼の家族をドイツ国外に「高飛び」させることを決定する。CICは一九四六年以来、元ナチスのエージェントたちをアルゼンチン、チリ、ペルー、ブラジル、ボリビアへ脱出させる逃亡ルートを開通させており、この逃亡ルートに乗って、バルビーも忽然とドイツから姿を消したのだった。

この後バルビーは、オーストリアのアメリカ情報機関のアジトで「クラウス・アルトマン」のパスポートと必要書類一式を受けとり、家族と共に南米に旅立った。アルトマン一家はクロアチア・カトリック教会のクルノスラフ・ドラゴノヴィッチ神父の助けを借りてアルゼンチンに渡り、そこからボリビアへと向かった。そして一九五一年四月二十三日、無事に家族と共にボリビアのラパスに到着した。当時のボリビアはファシスト的な軍事政権の支配下にあり、ドイツ系移民の影響力も強かった。バルビーが第二の人生をスタートさせるのにふさわしい態勢が整っていた。

バルビーはすぐに現地のカトリック教会神父の助けを借りて、ボリビアのジャングルで製材所をはじめた。そしてボリビアの熱帯雨林を破壊して一儲けすると、今度は精力的にボリビア政界中枢とのパイプ作りに奔走する。同じくナチスの亡命者ハインツ・ヴォルフや元ナチスの検察官でミュラーと名乗る人物と共に、バルビーはやがて、当時のファシスト政権の治安問題に関する非公式アドバイザーとなる。そしてこうした人脈を通じてクラウス・アルトマンことバルビーは、一九五七年十月七日、ボリビア国籍を取得することに成功した。

ところが当時のボリビア政権がキューバと親交を深め、左寄りに政治的舵をきりはじめると、アメリカの《反共の闘士たち》はたちまちバルビーを使って介入を開始した。一九六四年には空軍のバリエントス将軍による軍事クーデターが発生し、バリエントスが政権を握ったが、この背後にはCIAとバルビーの力があった。その証拠にバリエントス政権でバルビーは、内務省の治安維持部隊の責任者に任命され、アメリカ軍は数十人の軍事アドバイザーをボリビアに送り込んで、このボリビアの軍事政権をバックアップしたのである。さらにバリエントス政権は、巨大な石油利権を米メロン財閥のガルフ石油に分け与え、アメリカの支援に感謝の意を表した。

当時、合衆国の裏庭にあたる中南米では、共産主義革命の猛威が吹き荒れており、合衆国の《反共の闘士たち》は、ボリビアの左傾化を極度に恐れていた。そこでCIAは一九六六年と一九六七年にボリビアに数百万ドルの資金援助を与え、共産主義と戦う軍事独裁政権に惜しみない援助の手を差しのべた。

こうした状況は、バルビーに絶好の活躍の場を与えた。バルビーは、ペルーやコロンビアで軍事コンサルタントとして活躍していた元ナチス親衛隊のフレデリック・シュヴェントと共に、トランスマリティーマという海運会社を設立した。この海運会社は当初、小麦粉、綿花、コーヒーや材木などを扱っていたが、すぐにそれよりはるかに儲かる物資、すなわち「武器」と「麻薬」を扱うようになった。バルビーの会社はドイツのボンに拠点を置くメレックス社から攻撃船、装甲車や戦闘機を購入し、南米の軍事政権に売りさばいていたが、このメレックス社は、元ナチス突撃隊のオットー・スコルツェニー大佐が経営する会社だった。バルビーはつまり、元ナチスのネットワークを使って、武器を南米の独裁者に売って大儲けしたのである。こうした元ナチスはほとんどすべて、戦後アメリカ情報機関により「解放」され、アメリカの手先となって動くエージェントだった。

ボリビアのバリエントス政権で内務大臣を務めたアントニオ・メンディータは、CIAの資金援助を受けるエージェントであったが、同時にバルビーの武器ビジネスのパートナーでもあった。つまりCIAはバルビーを使って、南米の反共独裁政権を軍事的に支援する工作を行なっていたわけである。

この後数十年間にわたり、バルビーはボリビアの歴代指導者の治安問題アドバイザーを務め、同国の共産主義組織や反政府ゲリラ組織に目を光らせた。一九二〇年代、三〇年代に共産主義の拡大を防ぐために、ドイツのファシズムを支援したアメリカは、戦後その同じ手法を用いて中南米の軍事独裁政権を支援したともとれる。そしてその中南米の国々でファシスト体制の維持に貢献したのが、バルビーのようなナチスの生き残りだった。バルビーは決して例外ではなく、同じような例は他にいくつも見られた。

アメリカの《反共の闘士たち》は、戦前から抱き続けていた「共産主義にファシズムをぶつける」という戦略的思考を、戦後元ナチスを使って実践したと言ってもよいだろう。ドイツのファシズム支援ではじまったこの反共戦略は、第二次世界大戦後、元ナチスを逃亡させた中南米で花開き、そしてその後アジア、アフリカへと波及し、ソ連との「冷たい戦争」をエスカレートさせていくのだった。

共和党を支えた中・東欧のファシストたち

《反共の闘士たち》は、「元ナチスを対ソ秘密工作に使う」という作戦を展開する一方で、大戦中にナチスの支配下に置かれていた中・東欧の難民収容キャンプから、大量の難民をアメリカに移民させている。一九四八年から一九五二年の間だけで、実に四十万人にのぼる中・東欧系の難民が、難民収容キャンプからアメリカに流れ込んでいる。こうした移民の多くは反ユダヤ主義やファシストとは何の関係もない戦争の犠牲者たちだったが、その中にナチスの協力者がまぎれこんでいたのもまた事実である。

アメリカへの移民を統括したアメリカ流民委員会は、当初ナチスの協力者や親ナチス組織のメンバーの入国を固く禁じていたが、一九五〇年に「劇的な政策の転換が起こり」、大戦中にナチス・ドイツの占領政策に積極的に協力し、ユダヤ人の虐殺などに加担したナチス協力者やファシスト組織の元メンバーたちを、アメリカへ入国させることを認めるようになった。この政策転換の背景にはいったい何があったのだろうか。

アメリカ流民委員会は一九五二年に中・東欧難民の移民政策を完了したが、この頃アメリカはちょうど大統領選挙の真っ只中にあった。アイゼンハワー、ニクソンの共和党コンビは、「民主党は共産主義に対して弱腰だ！」、「われわれは東欧を共産主義者から解放する」というメッセージを盛んにアピールしていた。そしてこの年、共和党の全国委員会は、党内に少数民族組織を発足させている。この少数民族組織は、続々とアメリカに流れ込んでくる中・東欧の難民を受け入れ、共和党の新たな支持者として確保する受け皿として組織されたのである。アメリカへの入国を認められた元ナチス協力者たちは、アイゼンハワー、ニクソンの「解放」政策に従って、将来中・東欧を共産主義の手から「解放」することを期待されていた。つまり彼らは、共和党の「解放」政策を支援するために雇われ、共和党に組み込まれたのである。

こうして一九七二年に元ナチス協力者やファシストの残党による共和党全国民族《エスニック》評議会が誕生した。ある意味この組織の基礎は、戦前にヒトラーが東欧に築きあげたネットワークにあったと言ってよい。ナチス・ドイツの武装親衛隊は、大戦中に占領地で極右の民族主義組織やファシスト団体と手を結び、占領政策を推し進めていた。ブルガリア民族軍、ルーマニアの鉄衛団、ウクライナ民族主義機構といった組織はすべて、ナチスの武装親衛隊と組み、ヒトラーの手先として活動していた団体である。こうした極右組織に所属したファシストたちが、「難民」としてアメリカに連れてこられ、共和党の少数民族組織である全国民族評議会の中核メンバーになったのである。

同評議会の初代会長はラズロ・パズトーだったが、パズトーは第二次世界大戦時のハンガリーの右翼活動家で、ハンガリーのナチスに相当する極右政党の若手指導者だった。一九四四年にドイツ軍がソ連から撤退し、当時のハンガリー政権が崩壊すると、パズトーの属する極右政党が政権の座に就き、ヒトラーのドイツ防衛を助けたという経緯があった。パズトーはこのハンガリー極右政権のもとで外交官としてベルリンに駐在し、終戦までヒトラーとハンガリーをつなぐパイプ役を務めていた。

パズトーは一九五〇年代にアメリカに移民し、共和党の少数民族組織に参加した。そして一九六八年のニクソンの選挙運動で少数民族問題のアドバイザーの一人となり、ニクソンの選挙を支援した。この選挙後にニクソンはパズトーに対し、共和党内に恒久的な少数民族の評議会を作るよう要請し、パズトーは二十五の少数民族団体を選定して組織作りを開始した。この二十五団体の中には、前述したようなナチスの協力者や過激な極右団体が多く含まれていたため、共和党全国民族評議会は、はじめから元ナチスや過激な元ファシストたちをメンバーに抱えていたわけである。

その一人がコサック民族解放運動世界連盟や共和党コサック系アメリカ人全国連盟の指導者ニコラス・ナザレンコである。ナザレンコは毎年ニューヨークで開かれる被占領民族運動を組織し、この催しにはコサックの軍服を着て登場するのを楽しみとした過激な右翼活動家だった。彼は大戦中、ドイツ軍のコサック特別部隊の将校として戦闘に参加し、終戦時にはコサック亡命政府のためにベルリンで諜報活動に従事していた。戦後は一時期、アメリカ陸軍対敵諜報部（ＣＩＣ）

のために働いたが、一九四九年に渡米し、コサック退役軍人会のまとめ役になる。そして一九六八年と七二年の大統領選挙でリチャード・ニクソンを助けて奔走し、自然の流れとして共和党全国民族評議会に合流した。

また白ロシア系アメリカ人共和党連盟の会長ヴァルター・メリアノヴィッチも、評議会の重要な指導者の一人であった。メリアノヴィッチは「民主党は共産主義のためのダーティーワークを請け負っている。彼らは自分たちのことを共産主義とは言わず、ただ共産主義者の主張をおうむ返しに繰り返しているのだ」と公言してはばからない筋金入りの反共主義者だった。彼の組織は、元ナチスの協力者で構成された亡命者組織、白ロシア系アメリカ人協会と緊密に協力しており、白ロシアの武装親衛隊の指揮官フランズ・クシェルとも親交が深かった。

ソ連がドイツ占領下の白ロシアに侵攻したとき、ドイツ防衛のためにヒトラーによって作られた白ロシア傀儡政権のメンバーや指導者たちの生き残りが、白ロシア系アメリカ人協会の中核メンバーとなり、またメリアノヴィッチの共和党連盟にも入っていた。こうして大戦中ナチスに協力し、ソ連に深い恨みを持つ極右の白ロシア系移民をとりまとめていたのがメリアノヴィッチだった。

共和党全国民族評議会は、このような元ナチス協力者や過激な亡命者組織等を抱え込み、全米に広がる中・東欧からの移民たちを組織していった。こうした移民たちは共和党の反共政策を強力にサポートする新たな「組織票」となっただけでなく、選挙時には大量のボランティアをも提供できる、共和党候補者にとっては力強い味方となったのである。

共和党の指導者たちは、民主党が確保していたユダヤ人の組織票に対抗するためにも、中・東欧系移民のまとまった票を確保したいと考えていた。特に一九四八年の選挙で共和党が敗北したのは、民主党が抱えるユダヤ票のためだったとの認識が広まっていたため、共和党は一九五二年の選挙までに、何とか少数民族票の基盤を作ろうとしていたのだ。一九四八年にニューヨーク州で連邦上院議員の座をユダヤ人のホーバート・レーマンと争って接戦で負かされたジョン・フォスター・ダレスは、「自分は組織的なユダヤ票のせいで負けたのだ」と思い込むようになっていた。ちょうど弟のアレン・ダレスがヨーロッパで元ナチスのリクルートを行なっていたから、「中・東欧の元ナチスをアメリカに連れてきて共和党の基盤にする」というアイデアは、ダレス兄弟あたりから出ていたのかもしれない。

いずれにしても評議会は、七〇年代には米国内の中・東欧系移民社会をがっちりと組織し、歴代の共和党の選挙をサポートし、共和党内で一定の影響力を確保するようになった。一九八四年のレーガン、ブッシュの大統領選挙で、共和党全国民族評議会はめざましい働きを見せた。評議会は八万六千人ものボランティアを調達し、レーガン、ブッシュ陣営の少数民族政策の鍵を握った。晴れて共和党が勝利した後、同党のフランク・ファーレンコフ党首は、共和党全国民族評議会の面々を前にして、「共和党を代表してこの部屋に集まった皆さんに対してお礼を述べたいと思います。われわれが十一月六日に勝ちとったすばらしい勝利に、あなた方の力は不可欠でした。

あなた方なしにわれわれはこの勝利をものにすることができなかったでしょう」と述べた。

これに続いてレーガン大統領も同様に謝意を述べた。「あなた方すべての働きが、私個人にとっても、党にとっても、そしてわれわれの政治信条にとっても非常に大きな意味を持っています。私は今日ここにお集まりの皆さん以上に、われわれの勝利に決定的な貢献をしてくれた人を知りません。私はあなた方にわが党の建設に貢献しつづけて下さることを切に願います」。こうして共和党内で中・東欧系移民の影響力が強まるにつれて、当然共和党の外交政策はさらに反共路線を強めていくのだった。

共和党全国民族評議会の指導者たちは、七〇年代を通じて時折メディアの関心を引き、「共和党の中に元ナチス協力者がいる」というようなニュースが断片的に伝えられることもあった。しかし一九八八年のジョージ・ブッシュ（現大統領の父）の選挙運動で、この共和党内元ナチスの存在は、大々的に大手メディアで取り上げられることになる。共和党のブッシュ選挙チームは、少数民族組織として「アメリカ国民の連合」を設立して、少数民族向けの選挙運動を開始したが、この連合の指導メンバーに任命された面々は、ラズロ・パズトー、ヴァルター・メリアノヴィッチやフランク・ステラといった共和党全国民族評議会の指導者たちで、中・東欧出身の元ナチス協力者だった。

実はブッシュと中・東欧系移民とは浅からぬ縁があった。ラズロ・パズトーが共和党全国民族評議会の設立に奔走したのは、一九七二年の大統領選挙におけるニクソンの圧勝の後だが、ちょうどこのときブッシュは共和党の全国委員会委員長を務めていた。つまりパズトーが中・東欧系移民を共和党の一組織として組み込む事業にひた走っていたちょうど同じ時期に、共和党のとりまとめ役である全国委員会委員長をブッシュが務めていたわけである。元ナチス協力者やファシストを共和党に組み入れるというきわめて政治的にデリケートな問題を、ブッシュとパズトーが緊密に連携しながら進めていったのであろう。

こうした背景もあって評議会の指導者たちは、ブッシュの選挙運動を熱烈に支援したのだが、早くもその年の九月に『ワシントン・ジューイッシュ・ウィーク』誌というユダヤ系の雑誌が、「ブッシュ陣営の中に有名な反ユダヤ主義者や親ファシストが入っている」と報じて大騒ぎとなった。この記事はパズトーをはじめブッシュのアドバイザーを務めていた中・東欧系移民の知られてはいけない過去を暴き出したのである。

このニュースを知った全米のユダヤ人団体は、ブッシュの選挙チームに猛烈に抗議し、いっせいに非難の声を浴びせた。アメリカ・ユダヤ人会議のヘンリー・シーグマンは、「ブッシュのスタッフがいかに無神経で無能かを証明するものだ」と怒りを露《あらわ》にし、ブッシュ陣営に対し「こうした連中を辞めさせるだけでなく、彼らの主張（反ユダヤ主義）とも完全に決別するべきだ」と激しい口調で抗議声明を発表した。またアメリカ・ユダヤ人組合のアルバート・フォースパンも、「ブッシュ選挙チームがそのような悪名高い過激派を使っていたなんて非道でおぞましい」と語った。

これに対しブッシュ選挙チームの責任者だったジェームズ・ベーカーは、「われわれの選挙運動に反ユダヤ主義や人種差別主義が入り込む余地はない。こうした考えを持つ個人は、うちの運動には必要ない」と発言し、強まる批判を抑えようと懸命に努めた。

そして九月九日には、ブッシュ選挙本部のスポークスマンが「（ホロコースト否定論者の）ジェローム・ブレンターが選挙活動を辞めた」と発表し、その二日後には、『ワシントン・ポスト』紙が、ブッシュのアドバイザーの一人フレッド・マレックも辞任したと報じた。『ポスト』によれば、マレックはニクソン大統領の側近で、ニクソンの命令で労働統計局でユダヤ人と思われる名前を持った労働者のリストを作成したという。ニクソンは「ユダヤ人の陰謀」を信じ、「その片棒を担ぐはず」のユダヤ系労働者に疑いの目を向けていたのである。

続く九月十二日、ブッシュ選挙チームはラズロ・パストーを含む五人の運動員が辞めた事実を発表し、結局計七名の運動員が、反ユダヤ主義やファシスト組織とのつながりを暴露されてブッシュの選挙運動から去っていった。しかしそれから一年以上経過した一九九〇年二月二日の『USAトゥデー』紙は、「反ユダヤ主義やファシスト団体と関係があったことでブッシュの一九八八年の選挙運動から追放された四人の元共和党員が、すでに党に復帰している」というニュースを報じていた。

戦後、ダレスをはじめとする《反共の闘士たち》がアメリカに連れてきて、共和党に組み入れた中・東欧出身の元ナチス協力者たちは、戦後四十年以上にわたって共和党内で生き続け、アメリカの対外政策に一定の影響を与えていたのである。

冷戦を煽った軍拡ロビーのナチス・コネクション

共和党系のタカ派軍拡ロビーの中に、「軍産複合体の心臓」と呼ばれるアメリカ安全保障会議（ＡＳＣ）という団体がある。役員には退役した軍将校や軍需産業の経営幹部、それに右派の政治指導者たちが名を連ねている。ＡＳＣは主に外交、軍事、諜報といった分野で、アメリカ政府に情報を提供し、軍事戦略計画を提案し、アメリカの外交政策を右寄りに導こうとロビー活動を行なっている団体であった。

ＡＳＣは一般には一九五五年にシカゴでＦＢＩのＯＢたちによって設立されたことになっているが、アメリカのジャーナリスト、ラス・ベラントが書いた『元ナチス、新右翼、そして共和党』によると、その起源は一九三〇年代に反ユダヤ主義を掲げ、ヒトラーの宣伝工作に協力した三つの団体にあるという。三団体とはアメリカ第一委員会、アメリカ自警団情報連盟、アメリカ愛国社会連合である。

アメリカ第一委員会は戦前にシアーズ・ローバック社のロバート・ウッド社長がスポンサーになって発足した団体で、「連合国への援助を止め、アメリカの中立を守れ」と盛んに孤立主義運動を進めていた。彼らの主張が当時のナチスの宣伝文句と同じなので、ＦＢＩが調べてみると、やはりナチスから金が入っていたようだった。一九四二年にFBIは「アメリカ第一委員会は親ナチス組織からの資金援助を受け入れたふしがある」との報告書を作成していた。アメリカ第一委員会は大戦中の一九四四年に解散するが、ウッド社長は、委員会で成し遂げられなかった目的を果たすために、戦後ASCの設立に加わった。

アメリカ自警団情報連盟はもともとハリー・ユングという狂信的な反ユダヤ主義者が、労働組合のスパイ活動に対抗するために設立した組織である。ユングはユダヤ陰謀論として有名な『シオンの議定書』をアメリカではじめて大量に配布した人物で、強硬な反共主義者だった。ユングはまたアメリカにいたナチス・グループと組んでアメリカ愛国社会連合というファシスト組織も結成していた。

戦後この三つが合体してできたのがアメリカ安全保障会議（ASC）である。要は右翼組織、反ユダヤ主義、親ナチス組織が母体になっていたわけだが、思想的に通じるからか、ASCは中・東欧系の元ナチス協力者で構成される共和党全国民族評議会とも関係が深かった。メンバーや指導者層はお互いに重なり合っていたし、常時情報の交換をしていた。ASCの活動には同評議会やその他の被占領民族運動組織が、常に全体の十五パーセントほどを占めていたという。

ASCは当初シアーズ・ローバック社を中心とした大企業の支援を受けて、労働組合対策のための活動を展開していたが、やがて安全保障問題を中心とした外交問題に対する関与を強めていく。一九五五年から六一年にかけてASCは、全国軍産会議という会議のスポンサーとなり、ペンタゴン関係者、国家安全保障会議（ＮＳＣ）関係者、ＣＩＡと関連する組織の代表者、そして大企業の経営者たちを集めて、冷戦時代のアメリカの外交戦略について意見交換する場を提供した。参加した大企業はシアーズ・ローバック社のほか、ロックフェラーのスタンダード石油、ジョン・フォスター・ダレスが関係するユナイテッド・フルーツ社、ハネウェル社、ＵＳスチール社等、二〇年代以来の《親独派》企業の面々だった。ＡＳＣと共に同会議のスポンサーを務めたのは航空機産業協会（ＡＩＡ）だったが、ＡＩＡは五〇年代にアメリカ政府が進めた「ペーパークリップ作戦」の熱烈な支持者だった。

全国軍産会議は一九五九年にはさらに活動を発展させて外交問題助言委員会を発足させたが、同委員会は多くの大企業の経営者に加えて、ウルトラ反ユダヤ主義者やファシストを中心メンバーに含んでいた。その一人は反ユダヤ全国経済協議会のマーク・Ｍ・ジョーンズ会長だ。それからドイツの財界人マーチン・ブランクも関わっていた。ブランクはドイツ石炭・鉄鋼産業の出身で、二〇年代、三〇年代にヒトラーに資金援助をしたルール工業地帯の工業家グループの一員だった。一九五九年の全国軍産会議のパンフレットは、マーチン・ブランクを「ドイツ産業界の代表者」と紹介していた。

このように《親独派》大企業と反共の政治エリート、そして反ユダヤ主義者や元ナチスによって構成されるＡＳＣは、軍需産業や議会関係者、安全保障政策スタッフたちの意見交換の場となり、共和党の外交・安全保障政策に大きな影響を与え、冷戦を「演出」していったのである。

ASCの政治力の凄まじさが発揮されたのは、一九七七年に民主党のハト派ジミー・カーターが大統領になったときである。カーターは第二次戦略兵器削減条約（SALTⅡ）を批准するとの公約を実行に移そうと試みるが、軍拡ロビーASCは総力を結集してこのカーターの軍縮計画を阻止しようと動き出したのである。ASCはカーターの軍縮計画に反対し、タカ派的世論を盛り上げるために、プロパガンダ映画の製作を開始した。そしてあの有名な『SALTシンドローム』という映画を製作して、「カーターは一方的にアメリカの軍備削減を実行しようとしている」という痛烈なカーター批判を盛り込んだのだった。ASCはこのプロパガンダ映画を通して、カーターの軍縮計画に対する批判を巧妙にかきたて、世論を誘導していったのである。こうしたASCの活動も手伝って、カーターのSALTⅡ交渉は難航を余儀なくされた。

ASCはこの他にも軍拡の必要性を訴えたプロパガンダ映画を製作したが、その資金はたいていアメリカの軍需産業、巨大金融機関、国内外のファシスト団体から出され、NSCから間接的に資金が出ることもあった。こうしてASCは共和党タカ派に都合のよい映画を製作し、世論を操作し、冷戦をエスカレートさせることに大きく貢献したのである。

またASCは一九七八年八月に、「武力による平和を求めるアメリカ安全保障会議連合」というロビー組織を立ち上げて、八〇年の大統領選挙に向けて、民主党候補を落選させるための活動を精力的に展開した。ASCは、大手軍需産業から受けとった数十万ドルの資金を議会のお気に入りの立候補者に献金し、カーターの対立候補であったロナルド・レーガンを全面的に支援した。

また大企業から集めた豊富な資金をＴＶ広告に投入して、共和党支援キャンペーンを展開したのである。ＡＳＣのメディア戦略に注ぎ込んだ資金は凄まじく、選挙運動期間の最後三カ月には、それまで平均月三十本ペースだったＴＶ広告を、月百八十本へと増やし、選挙期間中全体で千九百五十六回ものＴＶ広告を打ち、五千万人から一億三千七百万人の視聴者に、共和党支持や軍拡の必要性を訴え続けたのである。こうしてＡＳＣは、共和党全国民族評議会と共に、レーガンの大統領当選に大きく貢献したのである。

《反共の闘士たち》が戦後アメリカに移住させた中・東欧系の「難民」たちは、共和党の強力な支持基盤の一つになった。選挙の際に中・東欧系移民の票を組織し、選挙ボランティアを動員するだけでなく、ＡＳＣという軍拡ロビー団体を通じて、共和党の軍事・安全保障政策にも大きな影響を与えたのである。アメリカの軍や情報機関が元ナチスを利用したことによって、ソ連の脅威を増大させてしまったのと同様、共和党が中・東欧系ファシストたちを支持母体の一つとして取り込んだことにより、共和党の反共タカ派路線はさらに強まり、結果として「冷戦」はますます激化していったのである。

第6章 ブッシュに引き継がれた黒い人脈

一九五三年一月にドワイト・D・アイゼンハワーが大統領に就任すると、一九二〇年代にウォール街の「仕掛人」を演じ、大戦中は《親独派》としてナチス企業の偽装工作に協力し、そして戦後は《反共の闘士》としてアメリカの対外政策に影響を及ぼしたジョン・フォスター・ダレスが、合衆国の国務長官に任命された。「フォスターは五歳のときから国務長官になるために勉強をしているのだ」と語ったアイゼンハワーは、ダレスの外交手腕に全幅の信頼を置いていた。この二人は「近年のアメリカ史上、もっとも経験を積んだ対外政策形成チーム」と称され、アメリカの国力増強に大いに貢献したが、彼らの対外政策は、共産主義の拡大を断固阻止し、共産主義封じ込めて資本主義の崩壊を防ぐ、という二つの基本原則から成り立っていた。

ウォール街やアメリカ産業界の代理人として国際経済の最前線で経験を積み、共産主義の拡大から資本主義を守るためにドイツの復興に尽力し、ドイツ企業とアメリカ企業のカルテルをとりまとめ、ナチス企業の偽装工作にも協力したダレスにとって、アイゼンハワー政権の反共政策は、それまで数十年間の経験を生かす絶好の機会となった。

「アイゼンハワー‐ダレス・チーム」は、圧倒的な対ソ核優位の中で、核兵器の使用をちらつかせることでソ連の拡大主義を封じ込めると同時に、ラテンアメリカやアフリカなどの「局地戦」では、中央情報局（ＣＩＡ）を使った秘密工作により、共産主義革命分子を押さえ込み、反米的な左翼政権を転覆させる方針をとった。ＣＩＡの長官には、フォスターの弟アレン・ダレスが就任し、戦略情報局（ＯＳＳ）以来の経験と人脈を活かし、また元ナチス利用で見せた徹底した現実主義を貫いて、あらゆる手段を用いて敵を追いつめていった。

実はダレス兄弟は、戦後まもない一九四八年のイタリア総選挙で、秘密工作の手腕をいかんなく発揮し、その後の反共秘密工作の基本パターンを確立している。当時の選挙ではイタリア共産党の勝利が有力視されており、ユーゴスラビアやハンガリー、チェコスロバキア、ポーランドで共産主義勢力が勝利したのに続いて、イタリアでも共産党が選挙に圧勝しようとしていた。この状況にアメリカの《反共の闘士たち》は大変な危機感を抱いていた。そこで、同じく共産主義の拡大に危機感を持つローマ法王庁の非公式な要請を受けて、アレン・ダレス、フランク・ウィズナー、ジェームズ・アングルトンなど情報機関の高官たちが、宣伝工作や破壊工作など、イタリア共産党を粉砕するための基本戦略を練りあげていった。

しかし当時設立されてまだ間もなかったＣＩＡは、簡単な情報の収集と分析という限定された任務しか与えられておらず、こうした秘密工作の任務を遂行できるだけのノウハウや権限を持ち合わせていなかった。そこでこの計画はサリバン&クロムウェル法律事務所のアレン・ダレスとジョン・フォスター・ダレスによって特別に指揮された。ダレス兄弟が、この戦後最大と言われた秘密工作をいとも簡単に取り仕切っていたことは、ワシントンにとって驚き以外のなにものでもなかった。ダレスたちは、選挙期間中に民間及び軍事援助の名目で三億五千万ドルをイタリアに注ぎ込み、反共産主義の一大キャンペーンを展開した。彼らはフランク・シナトラやゲーリー・クーパーなどの有名人をラジオに出演させて反共のコメントを流させ、新聞やジャーナリストを買収して共産主義の危険性を訴える記事や写真を大量に流した。また共産党の対立候補にも密かに活動資金を注ぎ込んだのである。かつて「イントレピッド」がアメリカに仕掛けた秘密工作のノウハウを盗みとったダレスたちが、その手法をイタリアで実践したのだった。

しかもこうした工作資金の大部分は、アメリカ人の税金ではなく、大戦中にナチス・ドイツから押収した資産でまかなわれた。アメリカは大戦中、通貨やゴールド、貴金属や証券などの資産をドイツから押収し、財務省の「為替安定資金」に保管していた。表向きこの資金はインフレを抑制し、戦後弱体化したヨーロッパやラテンアメリカ経済の安定化のために役立てられることになっていたが、実際にはCIAが秘密活動の工作資金として使っていた。ちなみにこの資金には、ナチスが戦争中ユダヤ人から強奪した通貨やゴールドなど「血塗られた金」も含まれていた。アメリカ情報機関は元ナチスを情報活動に用いただけでなく、ナチスから押収した資産まで秘密工作のために使っていたのだった。議会の承認を受けた正式な予算ではなく、こうした不正な資金をどこかから調達して秘密工作の資金にあてるというやり方は、冷戦時代を通じてCIAの常套手段となっていくが、こうしたノウハウは、もともとこの時代にダレス兄弟たちによって作られたものだった。ダレス兄弟はこうして、冷戦初期の時代に、CIAの対ソ秘密工作の基礎を築いていったのである。

アイゼンハワー大統領のもとで政権入りを果たしたダレス兄弟は、政権発足後わずか十八カ月の間に、二カ国でCIAによる反米・親共産主義政権に対する転覆工作を成功させている。その一つはイランにおける工作であった。

イランでは一九五一年に民族主義者のムハマンド・モサデクが権力を掌握し、イギリスによる同国の石油支配に対し敢然と挑み出していた。イギリスのアングロ・イラニアン石油会社は、長年にわたりイランを搾取し、イラン産石油による利潤のわずか二十パーセントしかイラン側に還元してこなかった。ところが一九五〇年にアメリカの石油会社アラムコ社が、中東地域でははじめてサウジ産石油から得る利益の五十パーセントをサウジアラビア政府に還元することに合意すると、中東の他の産油国ではにわかに不穏な空気が漂いはじめた。特にイギリスの石油支配に不満を募らせていたイランは、「われわれにもサウジと同様五十パーセントの分け前を与えろ」とイギリス側に強く要求しだしたのである。イギリスがこの要求を拒否すると、イランのナショナリストたちは、アングロ・イラニアン石油を追い出して石油産業を国有化しようという運動を開始した。この運動の指導者がモサデクで、彼の指導のもと、一九五一年四月にイラン議会は石油産業の国有化の決議案を採択し、同時にモサデクがイランの首相に就任した。そして続く五月一日に石油産業の国有化法が発効し、事実上イギリスの石油会社はイランから追い出される形となった。

ダレスたちはこのイランとイギリスの動きを注意深く追っていた。アメリカ勢は特にイランの国有化政策に眉をひそめていた。この政策が成功してしまえば、アメリカ自身が石油を搾取しているベネズエラ等にも悪影響が出るおそれがあったからである。イギリスはイランに対して経済封鎖を開始し、一九五二年までにイランの生産は急落していた。モサデクはイランの石油生産は確保したものの、肝心の販路はすべてイギリスをはじめとする欧米企業に握られていた。石油を生産できても、それを世界市場で売却することはできなかったのである。こうして行きづまったモサデクは、ソ連に接近するようになった。

イランの豊富な石油資源をソ連に奪われることを恐れたアメリカは、過激な手段をとることを決意した。ダレス兄弟はイギリス情報機関とも連携しながらモサデク追い落しの陰謀を練りはじめ、一九五三年七月に作戦は実行に移された。ＣＩＡはイラン軍の中の協力者を通じてイラン人を買収し、大規模な反モサデク街頭デモを展開させ国内に混乱を引き起こした。そしてこの後の作戦の詳細は不明だが、八月までにモサデクは逮捕され、親米派のモハマド・レザ・シャー・パーレビが国王に復権することになった。以降パーレビ国王は極度に独裁的な体制を築き、民衆を武力で弾圧しつづけるが、反共・親米路線を継続するかぎり、アメリカの手厚い保護を受けることができたのである。

これと同様、中米グアテマラでもCIAは民族主義政権を打倒し軍事独裁政権を作りあげた。一九四四年まで、中米の最貧国の一つグアテマラは、人口のわずか二パーセントを占めるエリート層に支配されていた。彼らは国土の六十パーセントを所有したが、一方国民の過半数の貧困層は、国土のわずか三パーセントを所有するに過ぎず、その生活も悲惨だった。この極端な富の不均衡を是正するため、一九四四年に学生と被支配者層が立ち上がり、各地で反乱を起こしていった。そして一九五一年には、ハコボ・アルベンス・グスマンが、「グアテマラ建国史上、もっとも公正な選挙」を通じて政権の座に就いた。理想主義に燃えるアルベンスは、土地を持たない貧困層を救済する政策を開始し、その一環として米ユナイテッド・フルーツ社が保有する大規模な土地を接収して国民に分配するという計画を立てた。

ユナイテッド・フルーツ社はボストンに本社を置き、中米諸国の果樹栽培やその輸送を独占支配する巨大多国籍企業であった。アルベンスは、ユナイテッド・フルーツ社がグアテマラ国内の耕作可能な土地の実に四十二パーセントを所有していたにもかかわらず、有効利用されていたのはその十パーセントに過ぎなかったため、同社の土地を接収することによって民衆に土地を与えようとしたのである。しかしこのアルベンスの政策は、アメリカの「虎の尾」を思いきり踏むことになってしまった。

ユナイテッド・フルーツ社はダレス兄弟の法律事務所サリバン&クロムウェル社との関係が深く、ジョン・フォスター・ダレスが長い間同社の法律顧問を務めていた。ダレスやアイゼンハワー大統領は、ユナイテッド・フルーツ社の利権を保護しようとしただけでなく、アメリカ企業資産の接収が他のラテンアメリカ諸国に飛び火することを何よりも恐れていた。そこでアイゼンハワー政権は、「アルベンスの政策はグアテマラの共産化を意味するものだ」と結論づけて介入の口実を作りはじめた。実際にはアルベンス政権内に共産主義者は少なかったのだが、ダレスはグアテマラにおける「国際共産主義の脅威」を声高に訴えて世論を誘導していった。同時にアレン・ダレスのCIAがアルベンス打倒のため、グアテマラ人亡命者の訓練を開始する。このアメリカの動きに危機感を募らせたアルベンス政権が、ソ連ブロックに武器の調達を依頼したのも無理からぬことだった。しかしこの行動は、アメリカに対しグアテマラ介入に関する決定的な口実を与えることになってしまった。一九五四年六月、CIA率いる亡命者たちは、ホンジュラスとニカラグアの米軍基地から軍事侵攻を開始し、アメリカの空軍機はグアテマラ市上空からダイナマイトを投下した。このアメリカの動きにおそれをなしたグアテマラ軍は、さっさとアルベンスを見捨ててしまった。アルベンスは逃亡し、ダレスの指揮のもとで働いた亡命者の指導者カルロス・カスティーリョ・アルマス将軍が大統領に就任した。

アメリカの傀儡カスティーリョ・アルマスは、その後グアテマラで三十年もの長期にわたって継続する軍事独裁体制の最初の指導者となった。アメリカは自国企業の利権を守るために、「共産主義の脅威」という都合のよい口実を用いて介入し、自分たちの意に沿う独裁政権を打ち立てたのだった。こうした近視眼的な政策は、グアテマラにおける政治的穏健路線を葬り去ってしまい、結果として多くの民衆の命を奪うことになった。当時アルベンス政権の転覆に手を貸した海兵隊のフィリップ・C・ロッティンガー大佐は、「あれはひどい間違いであることがわかった。……われわれが『成功』と呼んだものは、三十一年に及ぶ軍事的抑圧と十万人以上のグアテマラ人の死をもたらしただけだった」と後に語っている。ドイツ財界やアメリカ財界の一部が、共産主義の拡大を恐れてヒトラーのファシズムを支援したように、ダレス率いるCIAは、「共産主義の脅威」を都合よく利用して、アメリカの利益を保護してくれる軍事独裁者を好んで政権の座に就けたのである。

こうしたCIA初期の秘密工作は、冷戦時代におけるCIAの活動パターンの形成に大いに貢献し、その後CIAは世界中で同様の秘密工作を繰り広げることになる。ソ連からの支援を受けていようがいまいが、アメリカの意に沿わない政権には「共産主義」のレッテルを貼り付けて潰していったのである。こうした活動がソ連の対米不信感をさらに増長させ、米ソ間の疑心暗鬼の悪循環に拍車をかけて、「冷戦」という特殊な戦争を過熱化させていったのである。

そしてこの冷戦時代、ダレス兄弟が築きあげていった秘密工作のノウハウや情報ネットワークは、アメリカ諜報サークルの次世代のエリートたちに確実に引き継がれていった。このダレス兄弟のコネクションや国際政治に対する理念を、もっとも忠実に継承し、しかも発展させていった人物は、ジョージ・ブッシュ（現アメリカ大統領の父）をおいて他にいないであろう。ジョージ・ブッシュの父プレスコットは、一九二〇年代の対独投資ブームでダレス兄弟と共に活躍し、ハリマン財閥と組んで独テュッセン・グループと連携を保った《親独派》サークルの一員だった。アメリカの政治経済エリート層の中でも、ダレス兄弟やブッシュ一族は同じ「派閥」に属し、共通の人脈を活かして政治やビジネス活動を展開していたのだった。そのブッシュ家の御曹司ジョージが、アメリカ諜報サークルの貴公子として、ダレス兄弟が築いた路線を引き継いだのは、ごく自然の成り行きだったのかもしれない。

諜報サークルの貴公子ジョージ・ブッシュ

ジョージ・ブッシュがＣＩＡの長官に就任したのは、一九七五年十二月のことだが、ほどほどに成功したテキサスの実業家から政界に転身し、政治家として取りたてて大きな実績のあったわけではなかったブッシュが、ＣＩＡの長官に任命されたのはきわめて異例の人事だった。しかし、もしこの人物が、公に記録されているよりはるかに以前から、しかも長期間にわたりＣＩＡと親密な関係を結んでいたとしたならば、諜報サークルにおけるこのブッシュの華々しい昇進の理由を説明することができるであろう。

ジョージ・ブッシュとアメリカ情報機関の初期の接触の中でもっとも重要だったのは、おそらく彼が一九四五年から四八年まで在籍した名門エール大学時代のことだろう。「冷戦」が形作られつつあったこの時期、CIAはアイビーリーグで精力的に未来のスパイたちの勧誘を行なっていた。エール大学は伝統的にアメリカの情報コミュニティーとは親密な関係にあり、ある歴史家などは「エール大学は他のいかなる研究機関よりもCIAに影響を与えた」と書いたほどであった。

当時CIAに勧誘された学生たちが皆CIAに入ったわけではなかったが、多国籍企業で働くことを決めた優秀な学生の中には、CIAと非公式な関係を続け、「協力者」として定期的に各種の情報を提供する例も多数存在した。とりわけ、「鉄のカーテン」の向こう側、つまり共産圏で働く機会のあった多国籍企業に就職したエール大OBたちは、かなりの確率でCIAの「協力者」になったと言われている。

かつてエール大学でスパイや「協力者」の勧誘をフルタイムで行なった元海軍情報将校のアレン・ウォルツは、「当時ジョージ・ブッシュにも目をつけていた」ことを明らかにしている。ウォルツは、「運動部で活躍する学生の中から人材を発掘する」ことが多く、学生体育協会の中心メンバーだったブッシュは、おのずとウォルツをはじめとする情報機関のリクルーターたちの目を引いたのだという。しかもブッシュには学生時代の働き以外にも、アメリカ情報機関のリクルーターに関心を抱かせる理由があった。それはブッシュ一族のバックグラウンドである。

CIAがジョージ・ブッシュに目をつけた理由の一つは、ジョージの父プレスコットの存在にあったと言われている。名門投資銀行ブラウン・ブラザース・ハリマン商会の執行役員を務め、エール大学の大口寄進者の一人であったプレスコットは、第一次世界大戦時にアメリカ陸軍の情報部に在籍した経験があった。プレスコットは戦前からダレス兄弟やハリマン財閥、ロックフェラー・グループなどアメリカ政財界のエスタブリッシュメントと親交が深く、戦略情報局（OSS）のOBで後にレーガン政権のCIA長官に就任するウィリアム・ケーシーの親友でもあった。つまりプレスコット自身が「情報」の仕事に携わったことがあり、しかも初期のアメリカ情報機関の活動を支えた政財界グループとの関係が密だったのである。

こうした背景を考慮すれば、一九四八年にジョージ・ブッシュがエール大学を卒業したとき、彼の就職先がCIAと深い関わりを持った企業だったとしても、さほど驚くことではないのかもしれない。ブッシュはエール大卒業後、ヒューストンに本社を置くドレッサー・インダストリーズ社の子会社アイデコ（インターナショナル・デリック・アンド・エクイップメント・カンパニーの略称）で、セールスマンとしてのキャリアをスタートさせている。土木・建設事業のコングロマリットであるドレッサー・インダストリーズは、世界的に事業を展開する多国籍企業であったが、その一方でCIAと緊密に協力し、日常的にCIAの情報活動に隠れ蓑を提供してきた企業でもあった。ブッシュは自伝『未来を見つめて』（吉澤泰治訳、ダイナミックセラーズ、一九八八年）の中で、アイデコ社で「設備係」として働いたことのみ触れているが、より重要なのは、ブッシュが「アイデコ社のサービスを共産圏も含めた世界各国で営業して回る」という仕事を与えられていたことだろう。

ブッシュが石油産業や国際関係に関してずぶの素人だったことを考えると、これはきわめて大胆な抜擢だったように思える。ブッシュにこの重要な任務を与えたのは、アイデコの親会社ドレッサー・インダストリーズ社のヘンリー・ニール・マロン社長であった。マロンはジョージ・ブッシュの父プレスコットのエール大学時代の同級生で、ブッシュの言葉を借りれば、「非常に私の家族と親しく、その成長過程において、すべてのブッシュ家の子供たちの祖父代わりであり、また告白を聞いてくれる神父のような存在でもあった」人物である。

ブッシュ家と親しい間柄だったマロンは、冷戦初期のアメリカ情報コミュニティーの重鎮たちと親交が深く、一九五三年から六一年までCIAの長官を務めた《反共の闘士》アレン・ダレスとも親密な関係を持っていた。マロンは将来有望なスパイ候補者を頻繁にダレスのもとに送ったり、CIAの工作のためにスパイたちに偽装の職場を提供したりと、常にCIAと緊密に協力していたのである。

マロンが親しくしていた人物の中に、ロシアのボルシェビキ革命後に一族でアメリカに逃げてきたロシアの伯爵ジョージ・ド・モーレンシルツがいた。ド・モーレンシルツは、第二次世界大戦中にアレン・ダレスがヨーロッパに築いたスパイ・ネットワークの一員で、ヒトラーの情報機関内部に潜入して活動したスパイである。彼は大戦後、石油地質学専門のコンサルタントとして、アメリカの石油会社と東側共産圏の石油取引を仲介するビジネスをはじめた。ド・モーレンシルツはこの表向きの業務のかたわら、共産圏の石油資源等貴重な戦略情報をアメリカにもたらすCIAの「協力者」として、アメリカ情報コミュニティーとの関係を維持していた。

マロンはジョージ・ブッシュに「共産圏での商談を行なう」という政治的にもデリケートな仕事を任せたとき、個人的にド・モーレンシルツをブッシュに紹介した。ブッシュはこのロシアの伯爵の助けを借りながら、鉄のカーテンの向こう側でセールスに励んだわけだが、ブッシュがこの仕事で会う人々は、ソ連圏の石油・ガスの生産、埋蔵量や掘削の可能性、それにソ連以外の戦略的に重要な石油開発計画等について第一級の知識を有する人々であった。ブッシュは、アメリカ政府当局のお咎《とが》めをまったく受けずに、こうした共産圏の石油専門家たちとの日々の商談を続けたのであった。

冷戦時代には、可能であればどこであろうとソ連石油産業の拡大を妨害しようと画策していたCIAにとって、ソ連の石油・ガス生産活動に関する正確な情報《インテリジェンス》は、のどから手が出るほど欲しいものであった。そんなCIAが、「ブッシュが商談から帰るたびに彼から情報をとらないはずがない」と元CIAの工作員は語っている。「ブッシュのような業務に携わっていたビジネスマンは、日常的にCIAと接触し情報を提供していたからだ」という。

CIAはこの時期、ソ連圏の戦略的な経済情報に関しては、国際的なビジネスマンの情報に依存していたので、ブッシュもこうしたCIAの情報収集ネットワークの一員だったと見てほぼ間違いあるまい。しかもブッシュはド・モーレンシルツという謎めいたロシアの伯爵と接触し、この第二次世界大戦時の往年のスパイから第一級の情報を得ていたのである。この石油地質学者は、CIAが当時欲しがっていた数々の情報のギャップを埋めることのできる数少ない人物で、CIAがブッシュを通じてド・モーレンシルツから共産圏の戦略情報を受けとっていたと考えるのはきわめて論理的である。実際ド・モーレンシルツはこの後、CIAのユーゴスラビアにおけるエージェントになっている。

このようにジョージ・ブッシュは、エール大学を卒業した直後から、CIAと関連の深い企業に就職し、ダレスのスパイだったド・モーレンシルツという謎多きロシアの伯爵と頻繁に接触し、CIAが欲しがるような共産圏の石油関連情報を収集する仕事に携わっていたのである。ブッシュはCIAのスパイではなかったものの、彼のまわりには情報関係者があふれており、少なくとも「協力者」としてこの頃からアメリカ情報コミュニティーと関係を深めていた可能性が高い。しかもブッシュとCIAの関係はこの初期の時期に留まらなかった。

ドレッサー・インダストリーズの系列会社でセールスの経験を積んだブッシュは、一九五〇年に友人のジョン・オーバーベイと共に、ブッシュ・オーバーベイ石油開発会社を立ち上げた。ブッシュはこの頃好景気のテキサスで、石油の賃貸権や使用料の取引を扱う独立の石油会社をはじめるという「熱病にとりつかれていた」という。初期資本は叔父やその友人であるウォール街の投資家たちから集めて、何とか事業を開始した。そして一九五三年には、次のステップに向けて事業を拡大し、新たにザパタ石油を設立した。ブッシュの事業は拡大し、一九五四年末までにザパタは七十一の油田を持ち、一日千二百五十万バレルの石油を生産するまでに成長した。

一九五九年になると、ブッシュは海底油田の試掘へ事業を集中させるため、ザパタ海底試掘社を立ち上げた。ブッシュはこの新会社でメキシコにおける海底油田の試掘にとりかかった。一九五九年といえばフィデル・カストロがキューバで革命を成功させ、すべての石油・ガス産業を国有化して、せっかくのアメリカ石油企業の投資を台無しにする事件が起きていた。これに対してCIAは、メキシコ、カリブ海、中米地域で反革命、反国有化のために猛烈な地下活動を展開した。カストロのキューバ革命を機に、「自分の国の産業は自分たちの手でコントロールしたい」という当たり前の願望が第三世界に広まっていることに危機感を抱いたCIAは、カストロ政権を転覆させ、第三世界の指導者たちに淡い夢を持たせないように警告を発しなければならなかった。

そこでCIAは、カストロ政権を転覆させる準軍事部隊の組織化にとりかかったが、「共産革命からアメリカ企業の資産を守る」というCIAの作戦は、中米や第三世界で国有化の脅威にさらされていたアメリカ企業の歓迎を受け、さまざまな支援を受けることになった。メキシコで事業を開始していたブッシュもCIAの活動目的に賛同し、さまざまな支援を惜しまなかった。

CIAがメキシコでの工作活動に乗り出した一九五九年の夏、ブッシュもザパタ石油からザパタ海底試掘社を切り離して別会社にしていた。ブッシュは積極的にCIAの活動に協力し、ザパタをCIAのための隠れ蓑として使わせ、CIAの工作員たちがザパタの石油関連施設を使用できるようにはからった。ブッシュはまたＣＩＡが特定の契約サービスに支払いをする際、個人としてその支払いを肩代わりするなど、ほとんどＣＩＡのエージェントのような働きまでしていたという。ＣＩＡの身分を偽装させるために会社の名前を使用させたり、会社のオフィスなどさまざまな施設の利用を認めるのは、一九五〇年代、六〇年代にアメリカの企業家たちが、ＣＩＡをサポートするために用いた古典的なやり方ではあるが、いずれにしてもブッシュは、メキシコにおいて民間人の立場にありながら、ＣＩＡと緊密に協力しながら冷戦を戦っていたのである。

ブッシュＣＩＡのアンゴラ秘密作戦

ブッシュが一九七五年十二月にＣＩＡ長官に就任して最初に直面した問題は、アフリカ大陸西南部に位置するアンゴラの共産化にどう立ち向かうかだった。当時のアンゴラは、ソ連とキューバの支援を受けるアンゴラ解放人民運動（ＭＰＬＡ）と、西側の推すアンゴラ解放民族戦線（ＦＮＬＡ）とアンゴラ全面独立民族同盟（ＵＮＩＴＡ）の連合が、各地で戦闘を繰り返していた。特に一九七五年十一月にソ連が大規模な軍事援助をＭＰＬＡに施し、同時にキューバも大規模な戦闘部隊を派遣したため、ＭＰＬＡは各地で攻勢に転じ、アンゴラ北部をほぼ支配下に収めた。こうしてアンゴラ内戦は、ソ連とキューバの支援を受けたＭＰＬＡの軍事的勝利で幕を閉じるかに見えた。

一九七五年初頭にベトナムが「赤」の手に落ちた後だけに、アメリカは何としてもアンゴラの共産化を防ぎ、自陣に留めなければならなかった。とりわけアンゴラは石油、ダイヤモンド、鉄鉱石やコーヒーなどの資源が豊富で、アフリカの中でも豊かな潜在力を持つ国だった。また同国の石油事業には、米メロン財閥系のガルフ石油が食い込んでおり、この利権も守り抜かなければならなかった。

しかしベトナムでの軍事介入に懲りた議会は、アフリカの地に米兵を送ることに反対し、上院は一九七五年十二月十九日に、政府の対アンゴラ援助拡大案を否決し、アンゴラ内戦への関与を制限してしまった。こうして手足を縛られた状態で、ブッシュはCIA長官に任命され、アンゴラ問題を任されたのである。アンゴラを親ソ派MPLAの支配から「解放」するには、大規模な軍事支援、とりわけ準軍事組織の投入が必要だった。が、議会は米兵をアンゴラに送ることだけでなく、CIAの秘密工作にも反対していた。CIA長官としての初仕事で「勝利」をあげたいブッシュは、米兵やCIAの工作員を送らずにアンゴラに介入する究極の解決策として、「傭兵部隊」を雇ってアンゴラに送ることを決意する。

こうしてブッシュのCIAは、正式にイギリスに対して傭兵を提供してくれるように要請した。もちろんイギリス政府が関与していると問題になるので、イギリス陸軍特殊空挺部隊（SAS）の元隊員で構成される「民間」の警備会社が選ばれた。イギリスにはいくつもこうした民間の傭兵会社が存在し、政府が公に軍事介入できない場合に、政府から依頼を受けて軍事介入を請け負っていた。軍事介入の「民営化」もしくは「アウトソーシング」である。ブッシュはアンゴラで秘密工作を「アウトソーシング」したわけだが、実際に手を汚す仕事を請け負ったのは、元SASのジョン・バンクス率いる傭兵会社であった。バンクスはすぐに傭兵の募集を開始し、ロンドンにはCIAのエージェント、レスリー・アスピンが派遣され、バンクスの傭兵リクルート計画をサポートした。そして一九七六年一月には、第一便の傭兵や武器がイギリスからアンゴラへ送られた。イギリスの傭兵たちは、アンゴラのUNITA軍を強力なゲリラ戦用に再編し、活発なゲリラ戦を展開させた。その後UNITAの活動は年々勢いを増し、アンゴラの内戦は泥沼の長期戦へと突入したのである。

一方、アメリカ国内では親ナチス組織が母体となってできた軍拡ロビー、アメリカ安全保障会議（ASC）が、UNITAへの資金援助を求める一大キャンペーンを展開していた。ASCは一九七五年に議会がアンゴラへの援助停止を決定しようとしていた頃、UNITAの指導者J・サビンビをワシントンに招聘し、議会関係者との会談をセッティングしてまわった。ASCはありあまる資金を使って、サビンビとその側近十名を飛行機でワシントンまで招待し、十日間の滞在費もすべて負担し、UNITAのためにロビー活動を展開したのである。

このようにASCは、反共のUNITAを支援すべく精力的に活動し、一方、アンゴラ紛争の最前線では、ブッシュCIAに雇われたイギリスの傭兵たちが、UNITAを一流のゲリラ戦士に育てるため、さまざまな軍事訓練に励んでいたのであった。一九八六年一月にUNITAのサビンビがワシントンを訪れ、レーガン大統領や政府高官たちと会談をしたとき、それはASCの十年間に及ぶロビー活動と資金援助、それにブッシュCIA長官時代の「傭兵秘密作戦」のお陰だった。

こうしてブッシュは、イギリスの傭兵を使ってアンゴラにおける対ソ秘密作戦を展開した。この秘密工作は一定の成功を収め、アンゴラの内戦は泥沼化し、冷戦時代を通じて死にもの狂いの激闘が演じられ、二〇〇二年二月にサビンビが殺害されるまで続けられたのである。

反共工作のために麻薬王と提携

ブッシュがCIAの長官に君臨したのは、わずか一年足らずの間に過ぎなかったが、ブッシュはその後レーガン政権で副大統領になると、ホワイトハウス内の独自情報機関のトップに就任し、CIAだけでなく軍、国務省やその他情報活動に携わる省庁間を調整し、情報コミュニティーの黒幕として、アメリカの対外政策に大きな影響を与えることになる。一九八一年にレーガン大統領はカーター政権時代の国家安全保障会議（NSC）のあり方を見直し、安全保障政策を立案する新たな情報組織を、ブッシュ副大統領の下に新設している。

ブッシュは対外政策を作成するNSCのメンバーだっただけでなく、「危機管理システム」と呼ばれる、一般にはほとんど知られていない秘密チャンネルの責任者でもあった。一九八四年十一月にロバート・マクファーレン国家安全保障問題担当大統領顧問は、ＮＳＣにおける二層の政策決定システムについて説明している。それによると第一層にはＳＩＧ・ＩＧ（シニア・インターエージェンシー・グループ）と呼ばれるグループが存在し、そこでは安全保障問題全般に関して詳細な研究がなされ、政府がとるべき対策や熟考すべき課題が検討された。しかしこの他に第二層として「危機管理システム」という情報機関と酷似したグループが存在した。これはブッシュ副大統領が座長を務める特殊状況グループ（ＳＳＧ）と、危機事前計画グループ（ＣＰＰＧ）の二つの組織で成り立っており、ＣＰＰＧは安全保障や秘密工作、対メディア工作などの分野でＳＳＧに対してさまざまな助言を行なった。

つまりレーガン政権はホワイトハウスのすぐ下に「危機管理システム」という、情報コミュニティーを統括する組織を置き、その責任者にブッシュ副大統領を任命したのだった。ブッシュの指導のもとで、ＳＳＧとＣＰＰＧは個々の潜在的な危機に対して、その危機を取り除くために可能なかぎりあらゆる計画を立案し、政治的、軍事的手段も含めた危機への対応策を計画・実施したのである。この「危機管理システム」が機能して実施した最大の工作が、醜聞にまみれたイラン・コントラ秘密工作であった。

八〇年代のアメリカ外交は、中東と中南米で翻弄されたと言っていい。八〇年代前半からレバノンを中心にアラブ・イスラエル紛争が激化の一途をたどり、アメリカは宗教、人種、国家間の激しい対立の中で困難な立場に立たされていた。レバノンではイスラム過激派によるアメリカに対するテロが相次いで起こり、一九八四年のはじめには、レーガン大統領が米軍の引き揚げを決定せざるをえない状況になっていた。そして八五年までに、イランが支援するイスラム系過激派ヒズボラが、国務省やＣＩＡの職員を含む多くのアメリカ人を捕らえて人質にするという最悪の事態が生じたのである。

これに対してレーガン政権は、人質の解放を求めてイランのホメイニ政権にＴＯＷ対戦車ミサイルをはじめとするさまざまな兵器を、イスラエルを通じて送るという極秘工作を開始した。レーガンは「テロ支援国家とはいっさい交渉しない」と繰り返し宣言していたし、イランに対し表向きは強硬な姿勢を打ち出していたので、この工作はレーガン政権の公の方針に反するものだった。またアメリカの国内法の一つによれば、テロ活動を支援している国に対する武器売却は禁止されていたので、イランへの兵器売却はいかなる理由でもアメリカの法律に違反するものだった。

一九八六年十一月にベイルートの左翼雑誌『アル・シラア』が、アメリカのこの秘密工作をすっぱ抜くと、世界中のメディアが蜂の巣を突ついたような大騒ぎをはじめた。レーガン政権は「これはイランの穏健派と関係を築くための工作だ」と苦しい説明をし、国家安全保障問題担当大統領顧問のジョン・ポインデクスター提督も、レーガン大統領が一九八六年一月十七日にトップシークレットの正式な情報活動命令書に署名し、イランに対する極秘の武器輸出作戦と、「イラン穏健派」との交渉によるアメリカ人人質の釈放を勝ちとるプロジェクトが進んでいたことを明らかにした。

この工作が明らかにされた三週間後、さらに大きな衝撃がアメリカを襲った。エドウィン・ミース司法長官が、「イランへの武器売却によって得られた代金の一部が、ニカラグアの反政府勢力コントラへ密かに送られている」と発表したからである。ニカラグアでは一九七九年にアメリカが推すソモサ政権に代わり、革命派のサンディニスタが政権の座に就いていた。新政府はキューバやソ連側の国々に支援を求めたため、レーガン政権は同政府を転覆させるため一九八一年以来、ニカラグアの反政府ゲリラ「コントラ」に資金援助や軍事訓練を施していた。しかし一九八四年に連邦議会で成立したコントラ援助禁止法により、ＣＩＡやペンタゴンなどによるコントラ援助活動は禁止されていた。つまりレーガン政権が進めていたイラン・コントラ秘密工作は、二重に法律を破る行為だったのである。

この悪名高い工作は、ブッシュ副大統領率いるＳＳＧで計画が練られ、ウィリアム・ケーシーＣＩＡ長官が中心となって実践に移した。ケーシーは第二次世界大戦時に戦略情報局（ＯＳＳ）でアレン・ダレスの部下として働いた経歴の持ち主で、ジョージ・ブッシュの父プレスコットとは親友の間柄であった。ＯＳＳ時代のダイナミックな秘密工作を好んだケーシーは、ＣＩＡの局員ではなく独自の私的な諜報網を使って秘密工作を行なうことが多かった。ニカラグアの反政府ゲリラを支援する一方で過激なイラン政府に武器を送るこの計画でも、ケーシーはオリバー・ノース海兵隊中佐を中心に工作を行ない、中東の武器商人や中南米の麻薬マフィアなどのダーティー・コネクションをフルに利用しつつ作戦を進めていった。

オリバー・ノースはケーシーの指示に従ってコントラ支援向けの武器調達を進める中で、何のためらいもなく中南米の麻薬マフィアと手を組んでいった。ＳＥＴＣＯというホンジュラスの航空会社とアメリカの関係を例にとってみよう。アメリカは一九八三年から八五年にかけて、アメリカからホンジュラスにあるコントラの訓練キャンプに武器などの援助物資を輸送するため、ＳＥＴＣＯと契約を結んでおり、実際同社はこの間に百万発以上の弾丸を輸送した。が、このホンジュラスの会社はラテンアメリカ最大の麻薬ディーラーの一人、ファン・マタ・バジェステロスがコントロールする企業の一つだった。一九八三年にＳＥＴＣＯは、アメリカからコントラに兵器を輸送する最初の契約をとったが、当時この会社が有名な麻薬王の支配下にあることは、アメリカ当局には周知の事実だった。麻薬取締局（ＤＥＡ）も移民局もバジェステロスに関する分厚いファイルを持っていたからである。この会社はアメリカにコカインを輸入する際にもたびたび使用されていたため、当然米当局のチェックを受けていたのである。それにもかかわらずケーシーやノースは、かつて第二次世界大戦直後にダレスたちが元ナチスの戦犯を使ったように、麻薬マフィアがコントロールするＳＥＴＣＯを使い続けたのである。

一九八四年に連邦議会で成立したコントラ援助禁止法により、コントラには「人道援助」以外の支援は禁止されていた。ところがこの麻薬王の会社ＳＥＴＣＯは、アメリカ政府から「人道援助を行なう企業の一つ」という認定を受け、コントラ支援を継続していた。一九八五年にアメリカ議会はニカラグア人道援助機構（ＮＨＡＯ）という組織を創設し、二千七百万ドル相当の人道援助をコントラに提供した。しかしNHAOの監督者には、ケーシーやノース等の影響下にあった国務省のロバート・デュームリングが就任し、ノースは腹心のロバート・オーウェンをNHAOの内部に送り込んでいた。このためNHAOの活動は、事実上ノースやCIA秘密工作者の手中に落ち、「人道援助」は「軍事援助」の絶好の隠れ蓑になったのだった。国務省と「人道援助」を提供する契約を結んだ企業のうち少なくとも四社は麻薬密輸に関わっており、SETCOもその一つだった。

ダレス等冷戦初期の《反共の闘士たち》が、対ソ秘密工作のために元ナチスやナチス協力者を利用したように、ブッシュやケーシーたちは反共勢力を支援するために麻薬王とも手を組んだ。この工作はニカラグアの内戦を激化させただけでなく、中米諸国の麻薬王たちを活気づけ、しかもCIAが有名な麻薬王たちを事実上「保護」したことから、アメリカ国内への麻薬の流入も急増し、麻薬の氾濫という巨大な負の遺産を残すことになったのである。

ブッシュ一族のコントラ支援活動

イラン・コントラ秘密工作は、ジョージ・ブッシュ副大統領率いる危機管理チームが、全力をあげて挑んだ反共工作だった。ジョージはSSGの議長としてこの計画の立案と実行に携わったが、彼の兄プレスコット・ジュニアや次男ジェブ・ブッシュも、民間の立場にありながらこのコントラ秘密支援作戦に参加していたのである。

副大統領の兄にあたるプレスコット・ブッシュ・ジュニアは一九八〇年に、共和党右派やアメリカ情報コミュニティーと関係の深い救済機関アメリケアーズの諮問委員を務めていたが、この救済機関がNGOでありながらCIAと密かに連携しながらニカラグアのコントラを支援していたのである。アメリケアーズはホンジュラスに六十八万ドルの医療援助を行なっていたが、このうちの一部がホンジュラスを拠点とするニカラグア系インディアンのゲリラ集団に渡っており、このゲリラ集団がCIAの支援するニカラグアのコントラと同盟関係にあったのである。一九八五年と八六年にアメリカ議会はコントラに対する軍事援助を禁止したが、アメリケアーズは十万ドル以上の寄付金を親コントラ系新聞『ラ・プレンザ』に注ぎ込み、議会のコントラ援助禁止法の網の目をくぐって、コントラへの支援を継続していた。またアメリケアーズは三十万ドル近い食糧や医療品、それに六千ドル近い現金を、ニューオリンズの元軍人でコントラ向け武器の買付人だったマリオ・カレロに提供していたことが明らかになっている。マリオはコントラの指導者アドルフォ・カレロの兄弟の一人で、この支援は間違いなくニカラグアのコントラへ向けられたものだった。

レーガン政権はこうして、議会のコントラ支援禁止措置にもかかわらず、民間の援助機関等を使った医療援助や食糧支援等、あの手この手でコントラ支援を継続していた。ブッシュの兄プレスコット・ジュニアはアメリケアーズを通じてこのコントラ支援に関わっていたが、ジョージ・

ブッシュの次男で現在のフロリダ州知事ジェブもこの秘密工作に関与していた。どうやらブッシュは一族をあげてこの秘密工作に取り組んでいたようである。

ジェブがコントラ支援に関わり出した一九八五年当時、彼はマイアミで不動産業に携わる一方で、共和党デード郡支部の支部長としてすでに政治活動にも足を踏み入れていた。一九八五年二月のある日、ジェブはグアテマラの右派政治家マリオ・カステホンの友人から連絡を受け、「カステホンからジェブの父親であるブッシュ副大統領宛てに手紙を手渡してほしい」との依頼を受けた。後のグアテマラ全国保守党（ＮＣＰ）の大統領候補になるカステホンは、ブッシュ副大統領に対し、「コントラへの医療支援計画について話し合いたい」と手紙を通じて打診したのであった。ジェブはすぐにこの手紙を父親に手渡すと、副大統領は翌月の三日に早くも返事を出し、「国際医療隊を創設する」というカステホンの提案に賛成する旨を伝えた。そして「もし貴殿がお望みであれば、国家安全保障会議（ＮＳＣ）のスタッフであるオリバー・ノースに、都合の良いときにでも連絡するようお願いいたします」と述べた。「私は秘書に貴殿のご提案に関してノースに知らせておきます。彼は貴殿に喜んで会うでしょう。どうかホワイトハウス経由で彼と直接連絡をとるか、もしくは私のスタッフ、フィリップ・ヒューズを通して、気軽にノースとの会談の日程を決めてください」と丁寧な返答を出した。

この一通の手紙が、グアテマラ経由のコントラ支援ルートを切り開くきっかけとなった。カステホンは後に、ブッシュの提案通りホワイトハウスでノースと会い、ついでにレーガン大統領とも会談した。そしてカステホンが二度目にワシントンを訪れたときには、ノースのコントラ支援ネットワークの秘密メンバーたち、すなわちジョン・シングローブ元大将やコントラ指導者アドルフォ・カレロに紹介された。カステホンたちは、表向きはコントラへの医療支援計画について検討したのだが、実際は医療支援を名目に軍事支援をしようと企んでいたのだった。ノースたちはグアテマラを経由した新たなコントラ支援ルートを開拓しようと考えていたのである。

実際に武器の輸送を担当したのは、元武器商人のヘンリー・ワレイだった。ワレイは情報コミュニティーの知人を通じてカステホンの計画を支援するよう依頼を受け、このコントラ支援計画に一肌脱ぐことになった。ワレイによれば、「バンドエイドを送れるならば弾丸も送れるはず」なのであった。カステホンとワレイは国務省に対して、同省が新設したニカラグア人道援助機構（NHAO）からコントラ支援向けの医療支援物資を購入することを提案した。そしてこの支援物資を武器と一緒にグアテマラ経由でコントラに送ろうと計画したのである。前述したようにアメリカ議会は一九八五年にコントラに対する二千七百万ドルの人道援助を承認していたが、このNHAOの運営は事実上、ノースやケーシーCIA長官が牛耳っており、SETCOのような麻薬王が所有する企業が、この「人道援助」計画に参加していた。

カステホンは、ジェブ・ブッシュを介してノース等の秘密工作チームと連携し、アメリカ国務省の「ニカラグア人道支援」プログラムを「軍事支援」の隠れ蓑として巧みに利用し、グアテマラ経由のコントラ支援ルートを開通させたのであった。

ジェブはまたもう一つ別のコントラ支援ルートにも関係していた。ジェブは一九八〇年にマイアミに移住し、父ジョージ・ブッシュの大統領予備選挙を手伝ったことがあるが、このときにマイアミの右派キューバ人社会と強力な絆を築いている。大統領の次男はこれ以降、右派キューバ人社会の有力者とさまざまなビジネス関係を結んだのだが、そんな彼の人脈の中に、ミゲル・レカレイ・ジュニアというマイアミ国際医療センター（ＩＭＣ）の所長を務めた右派キューバ人がいた。レカレイはフロリダの麻薬王と言われたサントス・トラフィカンテ・ジュニアと親しく、何かと黒い噂の絶えない人物だった。

レカレイと彼の仲間たちは、一九八五年と八六年に、二万五千ドルの政治献金をブッシュ副大統領がコントロールする政治活動委員会に支払い、同じ頃不動産開発業者だったジェブを、レカレイの「不動産コンサルタント」として雇っている。ジェブは表向きＩＭＣの新しい本部に最適な場所を探すために雇われたことになっているが、本来の目的は別にあった。ジェブが本当に求められたのは、レカレイの医療保健制度詐欺の片棒を担ぐことだったようだ。

一九八四年九月、ＩＭＣが二千ドルの献金をジェブが支部長を務めていた共和党デード郡支部に与えた二カ月後、ジェブは保健及び人的業務省（ＨＨＳ）の数人の高官にＩＭＣのためにロビイングを行なっている。ジェブはこのとき「巷に流れている噂とはまったく逆で、レカレイ氏はきわめて良き市民であり共和党にとって理解ある支援者です」と述べた。そしてジェブはＨＨＳの規則からの特別免除を、ＩＭＣに与えるよう働きかけを行なったのだった。このジョブのロビイングが効を奏したのか、ＩＭＣは結局五十パーセント以上の収入を老人医療保健制度から受けることができるようになった。

実はレカレイのＩＭＣは、医療保健制度の資金を、彼らの病院でコントラの負傷兵を治療することにあてていたのだった。ジェブがＩＭＣのためにＨＨＳの職員にロビイングをしていたのは、レカレイがＩＭＣの医療保健用施設や資金を、コントラを支援するために使用していたからであった。「国際医療センター」という名称からは想像しにくいが、このセンターはＣＩＡと緊密に協力する機関だった。ＩＭＣとコントラの取引をまとめたのは、ＩＭＣの上級職員ホセ・バスルトだったが、この人物はＣＩＡの訓練を受けたことのあるキューバの右翼で、ニカラグアでサンディニスタ政権ができて以来、十年にもわたってニカラグアの「自由の戦士たち」を支援し続け、一貫してマイアミのキューバ移民社会におけるコントラへの支援運動を組織してきた人物だったのである。

アメリカのコントラ支援は、議会が法律を作ってそれを禁じたにもかかわらず、「医療援助」や「人道援助」という抜け穴を通じて密かに継続されていた。ジョージ・ブッシュ副大統領は、特殊状況グループ（ＳＳＧ）というホワイトハウス内の情報機関の座長として、イラン・コントラ秘密工作の全体のオペレーションを統括したが、その親族であるプレスコット・ジュニアやジェブも、民間の立場にありながら、法律の網の目をくぐり抜けながら巧みにコントラ支援を助け、ジョージの工作を側面支援していたのであった。

レーガン大統領は一九八五年三月に、「私はジョージ以上にわが国の最高レベルの政策立案と決定に深く関わり続けた副大統領を他に知らない」と率直に述べたが、この言葉が示すように、ダレスの後を引き継いだブッシュは、アメリカが八〇年代に成し遂げたあらゆる工作で中心的な役割を果たしていたのである。

アフガン戦争と犯罪銀行ＢＣＣＩ

イラン・コントラ秘密工作でブッシュやケーシーは、麻薬マフィアや武器商人などアンダーワールドの住人たちと取引をしたが、その中の一人にアリフ・ダラーニというパキスタン人の武器商人がいた。ダラーニはアメリカとの武器取引に応じたイランのホメイニ政権のエージェントで、アメリカ製ホーク地対空ミサイルの部品をイランに売却する工作に携わった人物であった。ダラーニはカリフォルニアにある兵器製造会社メレックス社の要職に就いていたが、同社のドイツ系列会社は元ナチスが経営しており、クラウス・バルビーが中南米の独裁政権に武器を売却するときに利用した会社であった。

このパキスタンの武器商人は、一九八〇年代にアメリカやＮＡＴＯ諸国から数億ドル相当の兵器をイランに違法に流していたグループの一員で、一九八六年十月三日に逮捕され、その一カ月後に人質解放をめぐるアメリカ政府とテヘランとの秘密取引が発覚した。ダラーニは国際的な武器密輸団の一員だったわけだが、同時に二十世紀最大の犯罪銀行と言われたＢＣＣＩ（Bank of Credit and Commerce International）とも深く関わっていた。ダラーニはＢＣＣＩが世界に張りめぐらせたネットワークの一員で、ＢＣＣＩから資金援助を受けてアメリカとイランの武器取引を行なっていた。

ＢＣＣＩはまたアメリカのコントラ支援にも一枚嚙んでいた。一九八四年に議会がコントラ支援を禁じた後、アメリカの秘密工作チームは密かにサウジアラビアに頼んで、コントラ指導者アドルフォ・カレロがケイマン諸島のＢＣＣＩに持つ口座に送金するようにアレンジした。当時のサウジからコントラへの寄付は、三千二百万ドルにのぼったと言われている。サウジ情報機関のトップ、カマル・アドハムがＢＣＣＩをコントラ秘密支援のパイプにしたのだが、一九七七年にアドハムが情報機関を去った後は、後任のトゥルキ・ビン・ファイサル・アルサウド王子がこの工作を引き継いだ。アメリカのイランへの武器売却とコントラ支援の両方に深く関わるこのＢＣＣＩとは、いったいどんな銀行だったのだろうか。

ＢＣＣＩは一九七二年に野心的なパキスタン人の銀行家アガ・ハサン・アベディにより興された銀行だが、同行は通常の銀行業務を越え、麻薬資金のロンダリング、テロリストへの資金供給、武器取引、金融市場の不正操作などを大規模に行ない、一九九一年に営業停止に追い込まれた謎多き銀行である。ＢＣＣＩは、米ソ冷戦時代にアメリカがソ連に仕掛けたさまざまな諜報戦の最前線で、アメリカの秘密の情報機関として機能した特異な銀行であった。

ＢＣＩがアメリカと秘密の連合を組む契機となったのは、一九七九年にはじまったアフガン戦争だった。この年の十二月二十五日から二十七日にかけて、約八万人のソ連軍が隣国のアフガニスタンに侵攻した。ソ連はアフガニスタンを支配してきた親ソ勢力が混乱に陥ったことを理由に介入したとされているが、実際にはアメリカが仕掛けた罠にはまってアフガニスタンの泥沼に引きずり込まれたのだった。当時のカーター政権の国家安全保障問題担当補佐官ズビグニュー・ブレジンスキーは、ロシア人に「彼らのベトナム戦争を与える」ために、アフガニスタンの反ソ勢力にてこ入れをはじめ、ソ連の介入を事実上誘発した。ブレジンスキーは後に、「真相を明かせば、カーター大統領は、一九七九年七月三日に、カブールの親ソ体制への敵対勢力に対する秘密の支援を許可する命令に署名しており、私は、この援助がソ連の軍事介入を誘発することになるだろうという私見を覚書にして大統領に渡した」と語っている。

ソ連軍がアフガニスタンに侵攻したとき、彼らを待ち構えていたのは、「ムジャヒディン」と呼ばれるイスラム教徒のゲリラだった。アフガニスタンはもともと部族社会だったが、各部族の指導者たちはそれぞれゲリラ組織を結成し、侵略者であるソ連に対し聖戦《ジハード》を開始した。こうしたムジャヒディン各派は、武器や戦費を調達するのに、ＣＩＡを中心とした外部勢力の助けを借りた。ＣＩＡの他、パキスタンのＩＳＩ（軍統合情報局）やサウジアラビア情報機関（ＧＩＤ）やイランなどがそれぞれの思惑から、アフガン・ゲリラたちを支援した。アメリカは八〇年代を通じて、アフガンのムジャヒディンに約三十五億ドルという莫大な額の資金を流したと言われている。

ＣＩＡはＩＳＩと組んで兵器や弾薬をアフガンのムジャヒディンに送り続けたが、この工作でＣＩＡと組んだのが犯罪銀行ＢＣＣＩだった。カラチ港を牛耳っていたＢＣＣＩはこの秘密工作でパキスタン国内の兵站部門を担当し、兵器をムジャヒディンのもとに運搬した。アフガン戦争の前線では、ムジャヒディン各派が戦費をまかなうために、競うようにして麻薬生産に励んでいた。アフガンでは戦争勃発と共にアヘンの生産高が急増し、一九七九年から八一年にかけて生産は三倍に増加、八一年までに国連の調べではアフガン産ヘロインが西ヨーロッパやアメリカ合衆国のヘロイン市場の六十パーセントを占めるまでに増加したという。

兵器をムジャヒディンに運搬したＢＣＣＩは、帰りはムジャヒディンが生産した麻薬を積んで戻ってきて、それを世界市場で売りさばいて大儲けした。ＣＩＡは、パキスタンの陸軍将校やアフガン抵抗勢力の指導者に支払う給料を、こうしたＢＣＣＩの「不正資金」で支払っていたため、当然ＢＣＣＩの麻薬や武器の密貿易には目をつぶった。否、黙認したどころか、ソ連と戦うムジャヒディンを支援するために、こうした麻薬の密貿易を奨励さえしたのである。アフガン戦争におけるアメリカの秘密作戦は、世界最大の麻薬産地を作りあげ、ＢＣＣＩという一国の政府では手に負えないほど巨大な無国籍犯罪銀行の誕生を助けたのである。

イスラム聖戦を煽動したＣＩＡ

このアメリカのムジャヒディン支援は、カーター政権下ではじめられたが、一九八一年一月にロナルド・レーガンが大統領に就任すると、新政権はソ連軍をアフガニスタンから追い出すことを目指して、さらに大がかりな支援活動をはじめた。ここでも工作の主役を演じたのはイラン・コントラ秘密工作と同様、ＳＳＧとＣＰＰＧのブッシュ副大統領と、ＣＩＡのウィリアム・ケーシー長官であった。ケーシーの指揮のもとでＣＩＡは、ムジャヒディンにソ連の航空機を撃ち落とすためにアメリカ製のスティンガー対空ミサイルを供与し、彼らを訓練するために米軍特殊部隊を軍事顧問として派遣することを決定した。

さらにＣＩＡは世界中から急進派のイスラム教徒たちをパキスタンに呼び集め、アフガンのムジャヒディンと共に対ソ戦を戦わせるという一大秘密作戦にも手を染めた。ＣＩＡがこの工作のいわば総合的なマネージメントを行ない、サウジアラビアがスポンサーとなった。実際に急進派イスラム教徒たちを訓練する役割はパキスタンのＩＳＩやイギリスの傭兵会社が請け負った。こうして世界各地で「聖戦」に参加する義勇兵たちの徴募活動が展開され、八二年から九二年にかけて、中東、北アフリカ、アジアなど四十三カ国から約三万五千人のイスラム急進派がパキスタンに集まり、軍事訓練を受けてアフガンのムジャヒディンと共にソ連軍と戦火を交えた。こうした急進派は、パキスタンのペシャワル近郊やアフガニスタン内部のキャンプで共に暮らし、イスラムの教義を学び、軍事訓練を受け、命を賭けて戦った。国籍を超えて思想を共有するイスラムの同志として、また共に戦った戦友として、世界各地のイスラム急進派たちは「聖戦」を通じて結束を強めていった。パキスタン人ジャーナリストのアハメド・ラシッドの言葉を借りれば、「これらのキャンプは、実質的に未来のイスラム急進主義の大学となった」のである。

この「イスラム急進主義の大学」に「入学」した何万人もの若きイスラム教徒の中に、未来の国際テロリスト、オサマ・ビン・ラディンがいた。彼はサウジアラビア最大の建設会社を有するビン・ラディン財閥当主の息子で、サウジの上流階級を代表する存在としてアフガン「聖戦」に参加した。ビン・ラディンはサウジ情報機関のトゥルキ・ビン・ファイサル王子の全面的なバックアップを受け、本格的な義勇兵徴募のための機関を作り、エジプトやサウジで兵士を募っては渡航費や活動費を世話してパキスタンに送り込んだ。また後にはペシャワル近郊やアフガン領内に、イスラム義勇兵用の軍事訓練キャンプを建設し、兵士の養成にも力を入れたと言われている。

こうして世界中から集められたイスラム急進派は、アフガンの部族ゲリラ集団と共に強大な反ソ・ムジャヒディン連合を形成し、ソ連軍をアフガンの泥沼に引きずり込んだのであった。アメリカはムジャヒディンの力を借りて、ソ連に「彼らのベトナムを与える」ことにまんまと成功したのである。

一方のソ連も、「ブッシュ－ケーシー・チーム」の支援を受けたムジャヒディンにやられっぱなしというわけではなかった。ソ連対外情報機関KGBは、CIAのムジャヒディン支援作戦に対抗するため、アフガン内部に「偽りの旗」を掲げた武装集団を植え込んだ。つまり、ソ連軍に訓練されたアフガン・ゲリラ集団が、「CIAの支援を受けた反共ムジャヒディン」としてアフガンに送られ、ムジャヒディン各派の間に混乱と内部抗争の火種を植えつけていったのである。KGBがこの「お得意の」工作を開始したのは一九八三年一月のことだった。この日以降、八十六グループのKGBに訓練された偽装ムジャヒディン集団がアフガニスタン全土で活動を展開した。彼らは異なるイスラム・ゲリラ組織同士の衝突を煽動し、必要に応じて武装闘争を中止してソ連軍に降伏するなどして、「同胞」のゲリラ集団の士気を削ぎ、ムジャヒディン各派の猜疑心を煽ろうと画策したのである（二〇〇二年二月二十五日付『インターナショナル・ヘラルド・トリビューン』紙による）。

ソ連は一九七九年のアフガン侵攻以来、約十一万五千人の軍隊を投入し、一九八七年までに、ムジャヒディンとの戦いで少なくとも四万人の死傷者を出したと言われている。ソ連は結局一九八八年の初頭にアフガニスタンから軍を撤退させると発表したが、実際にソ連軍が引き揚げた後に、KGBがまいた種が芽を吹き出しはじめた。KGBの偽装部隊によってお互いに猜疑心と反感を植えつけられたムジャヒディン各派が内部抗争をはじめ、アフガニスタンは以降長く悲惨な内戦に突入してしまうからである。

「聖戦」の戦士から反米テロリストに

一方、アメリカはソ連のアフガン撤退後、ムジャヒディンを対ソ戦のために使うだけ使い、イスラム急進主義を煽れるだけ煽ったつけを払わされることになる。

ＣＩＡは「聖戦」の際、イスラム急進派をパキスタンに呼び集めただけでなく、アメリカ国内にも連れてきて秘密の軍事訓練を行なっていた。かつてサウジアラビアのジッタにあるアメリカ総領事館でビザ発行業務の責任者をしていたマイケル・スプリングマンは、「サウジアラビアにいた頃、私は国務省の高官から『ビザ取得の資格のない申請者に対してビザを出し続けるよう』繰り返し命じられた」と証言している（二〇〇一年十一月四日付英ＢＢＣによる）。スプリングマンは国務省に激しく抗議をしたが聞き入れられず、やがてこれがＣＩＡの大がかりな秘密工作であったことを知るようになる。ケーシー率いるＣＩＡはつまり、サウジアラビアからイスラム急進派をアメリカに入国させ、軍事訓練を施してアフガンに送り込むという工作を行なっていたのである。ＯＳＳ出身のケーシーは、第二次世界大戦後まもない時期に、米情報機関が「元ナチス」や「元ナチス協力者」の過激派たちをアメリカに密かに入国させ、軍事訓練をして秘密工作のために旧ソ連圏に送り返したのとまったく同じ特殊工作を、冷戦末期の八〇年代に復活させていたのである。

そしてこの秘密工作に全面的に協力したのがサウジアラビアであり、その代理人としてのビン・ラディンであった。サウジアラビア人を中心に世界のイスラム急進派が、ビン・ラディンの徴募ネットワークを通じてアメリカに送られ、そこで軍事訓練を受けた後にアフガンに送られていった。ＣＩＡはバージニア州ウィリアムズバーグの北西部に、キャンプピアリーという訓練キャンプを持ち、そこでスパイや敵地への潜入者、秘密作戦担当者などあらゆる種類の活動家を秘密裏に養成していた。また米陸軍特殊部隊グリーンベレーもノースカロライナ州のフォートブラッグやバージニア州キャンプ・ピケットの秘密訓練基地で、アフガン戦士やその教官となる将校やムジャヒディン上級者たちを訓練した。こうした場所で秘密特訓を受けた「聖戦」の戦士たちは、精巧な時限信管と爆発物の使用法、装甲貫通爆薬の入った自動操作の武器、地雷や爆弾を爆発させる遠隔操作装置の使用方法など、破壊活動に必要なありとあらゆる技術を習得していった。イスラム急進派たちが身につけたこの破壊と殺人の技術は、アフガンの大地でソ連兵を困らせるのに大いに役立ったが、アフガン戦争が終了すると、今度はそのままアメリカに対して用いられるようになった。

このいわば「アメリカに対する聖戦」は、一九九三年一月二十五日にその幕が切って落とされた。この日パキスタンのバロチスタン州出身の部族民ミル・アイマル・ハーンシが、ラングレイにあるＣＩＡ本部の正面でカラシニコフＡＫ４７を乱射し、ＣＩＡ職員二名を殺害したのである。ハーンシは翌日にはニューヨークでパキスタン国際航空に乗りカラチを経由し、バロチスタン州の首都クエッタ市に帰っていった。そしてそれから一カ月を経た二月二十六日には、世界貿易センタービル地下二階の駐車場で爆発が起こり、六人が死亡、千人が重軽傷を負う事件が発生した。この爆破事件の容疑者ラムジ・アハメド・ユセフも、ハーンシとまったく同じルートを通ってクエッタに帰っていった。この二人のテロリストを包み込んだバロチスタン州は、アメリカが八〇年代に仕掛けた「アフガン聖戦」で、その最前線基地として栄えた場所だった。CIAは同地方の何千人もの部族民たちを、現地ガイド、運転手、運び屋や兵站支援のために雇い入れ、中には情報収集やその他の諜報活動、武器輸送や麻薬取引を、CIAの監視のもとで行なうものもいたという。

一九九五年十一月十三日付『ニューヨーカー』誌によると、有力な部族の指導者だったハーンシの家族は、「聖戦」の際にCIAとISIによるムジャヒディン武器支援に携わり、麻薬取引にも関係していたという。ハーンシはこの「聖戦」中に叔父を亡くしているが、彼は叔父がCIAの承認のもとでISIに殺されたと固く信じていたという。この事件の真偽は明らかでないが、このテロリストは「聖戦」に深く関わることでCIAに恨みを抱くようになったようである。

このようにアメリカは冷戦終結後、対ソ戦のためにCIAが鍛えあげたイスラム急進派の戦士たちにテロを仕掛けられる、という皮肉な状況に陥ることになった。みずから仕掛けた工作が原因で自分たちが予想外の損害を被るという典型的なブローバック現象に、以降アメリカ国民は繰り返し遭遇することになるのである。

アメリカを襲う冷戦の「負の遺産」

冷戦初期にダレス兄弟は、イランやグアテマラの反米民族主義政権を「親ソ派」と決めつけて転覆させ、軍事独裁政権を支援した。戦前にアメリカが「反共の砦」として、強いドイツ、ヒトラーのナチズムを支援したのと同じ発想で、戦後の《反共の闘士たち》はアメリカの意に沿う者であれば、独裁者であろうと元ナチスの戦犯であろうと構わずに援助の手を差しのべた。こうしたアメリカ外交の「伝統」は、ダレス兄弟からブッシュ一族に確実に引き継がれ、冷戦中期には「イラン・コントラ工作」というアメリカ政治史上最悪の醜聞の一つを生むことになった。ブッシュやケーシー傘下の米情報機関は、反ソ工作のためには麻薬マフィアや武器商人とも手を結び、不正・腐敗にも目をつぶった。

また「ベトナム戦争以来最大の秘密工作」と呼ばれたアフガン「聖戦」では、ソ連をアフガンの泥沼に引きずり込むことに成功した一方で、麻薬ビジネスを繁栄させ、巨大な無国籍犯罪銀行の膨張を助け、世界中のイスラム急進派に殺人と破壊の最高技術を身につけさせ、遂には反米テロリストを生み出すという「負の遺産」も築いた。

ダレスたちが進めた初期の秘密工作は、冷戦をエスカレートさせる結果に終わったが、ブッシュたちの秘密工作は、確かにソ連を弱体化させ、冷戦の終結に貢献したという見方をすることもできる。しかし、その代償はとてつもなく高くついた。ＣＩＡの手段を選ばぬ工作は、麻薬の氾濫、犯罪銀行の膨張、イスラム・テロリストの増長という莫大な「負の遺産」を残し、それが冷戦後に、ブーメランのようにアメリカ自身に襲いかかってきたからである。

二十一世紀の初頭、アメリカはこの冷戦時代の「負の遺産」を清算することを余儀なくされる。そしてその歴史的な使命を帯びて大統領に就任したのが、ジョージ・ブッシュの長男ジョージ・Ｗ・ブッシュであった。ジョージ・Ｗは、祖父プレスコットがダレス兄弟等と共に築き、一族が継承してきた冷戦の遺産を、「清算」するという皮肉な役割を担うことになったのである。

終章

9・11を生んだアメリカの冷戦外交

二〇〇一年九月十一日、テロリストにハイジャックされた三機のアメリカの旅客機が、ニューヨークの世界貿易センタービルとワシントンの国防総省に激突し、五千人以上の死者を出すという、前代未聞、史上最悪の自爆テロ事件が発生した。ジョージ・W・ブッシュ大統領は、容疑者と目されるオサマ・ビン・ラディンとアル・カイダに対し「テロ戦争」を宣言し、彼らをかくまっているとされるタリバン政権支配下のアフガニスタンを攻撃した。ブッシュ大統領はビン・ラディンとアメリカ情報機関の過去の関係についていっさい語ることなく、世界を「テロリストに反対する国」と「テロリストを支援する国」に二分化し、後者に対して容赦ない「テロ戦争」を仕掛けると宣言したが、もちろんことはそんなに単純ではない。

ブッシュ大統領はかつて、犯罪銀行BCCIやビン・ラディンときわめて近い関係にあった。彼は政治の世界に入る前、父と同じように石油業界に身を置いていた。ジョージ・Wは一九七七年に、石油掘削会社アルブスト・エネルギー社を興したが、このときヒューストンのビジネスマン、ジェームズ・バースの出資を受けた。バースは五万ドルを出資し、アルブスト社の五パーセントの株を保有したが、彼はこの頃サウジのビン・ラディン財閥の当主でオサマの兄にあたるサレム・M・ビン・ラディンのビジネス代理人も務めていた。バースはサレムの北米全域におけるすべての投資を扱っており、一九七八年にはサレムのために南テキサスの飛行場を購入したという記録が残っている。

バースはアラブのビジネスマン、とりわけサウジの富豪たちの間に広範な取引関係を築いていた。彼はサレムの代理人を務めるかたわら、サウジアラビア最大の銀行ナショナル・コマーシャル・バンクの頭取で国王の経済顧問も務めたハリド・ビン・マフフーズの代理人も務めていた。マフフーズはアメリカが人質と武器の交換工作をイランとの間で進めていたとき、この取引を仲介したサウジの武器商人アドナン・カショギに資金供与をして側面支援したことで知られており、CIAの中東絡みの秘密工作には必ず顔を出す人物であった。バースはまたヒューストンにあるメイン銀行に出資していたが、同行の共同出資者にはビン・マフフーズのほかサウジの王室に近い大富豪ライス・ファラオンも名を連ねていた。ファラオンはマフフーズと共にBCCIの大株主を務め、この犯罪銀行の世界的な偽装取引にも深く関わっていた。

ジョージ・Wはつまり、サウジの王室に近くBCCIとも深く関わったサウジの大金持ちたちのアメリカにおける代理人と、ビジネス・パートナーという関係を築いていたのだ。

実はブッシュ家とこのサウジ富豪の隠れ蓑ジェームズ・バースの関係は、たんなるビジネス・パートナー以上のものだった。ジョージ・Wはバースと州空軍に所属して以来の友人で、バースはブッシュ家のすぐそばに住んでいた。ジョージ・Wの父親がCIA長官を務めていた一九七六年当時、バースはブッシュ長官本人からCIAに入るよう誘われ、「アラブ人と関わり、航空機産業に乗り出してほしい」と頼まれたという。つまりバースはブッシュCIAの意向を受けてサウジ財界の代理人になっていた可能性が高いのだ。

ブッシュ（父）はCIA長官時代にサウジアラビアとの諜報分野における関係を強化し、サウジ情報機関の近代化に手を貸したことで知られている。このためブッシュは大統領になってからも、アラブ世界では「サウジアラビアの副大統領」の異名を持ち、過去のどの合衆国大統領よりも中東情勢に通じていた。ブッシュ（父）はCIAを率いるようになってから、秘密工作のための資金がアメリカからはほとんど出ないことに気がついた。そこでサウジの豊富な資金に目をつけたのだった。イラン・コントラ工作しかり、アフガン聖戦しかり、CIAの活動を支えたのはこのサウジ・マネーだった。そして、こうした秘密工作に利用されたのがBCCIだったのである。サウジの大富豪たちがこぞってBCCIに関わっていたのはこのためである。

ジョージ・Wはこうした背景から父の意向を受けてサウジ資本との関係を強めていたものと思われる。ジョージ・Wの石油会社は何度も倒産の憂き目にあい、一九八六年にはテキサスのハーケン・エネルギー社に飲み込まれていた。翌年にはさらに資本注入の必要に迫られ、このときサウジ不動産業界の大物資本家であるシェイク・アブドラ・バクシュがハーケン社に資金を提供し、同社の取締役に加わった。バクシュはサウジアラビアにおけるライス・ファラオンのビジネス・パートナーであり、彼の主要取引銀行は、ビン・マフフーズが頭取を務めるナショナル・コマーシャル・バンクだった。ジョージ・Wのビジネス取引には常にBCCIの影がつきまとっていたのである。

アメリカ－サウジ間にはつまり、「ブッシュ家－CIA－サウジ情報機関－BCCI－サウジ財界」というビジネス・諜報サークルのネットワークが存在し、ここにビン・ラディン家も一枚嚙んでいた。ビン・ラディン家が保有するサウジ・ビン・ラディン・グループは、イスラム世界最大の建設会社を傘下に持つグローバル企業で、ロンドンとジュネーブにもオフィスを構えている。ビン・ラディン家は五〇年代からサウド王家に取り入り、国家レベルの建設プロジェクトを受注して拡大した。六〇年代後半には前述のサレムが当主となり、ビン・ラディン・グループの近代化に努めた。イギリスで教育を受けたサレムは英米との関係強化に尽力し、CIAの秘密工作にも積極的に協力した。八〇年代に「ブッシュ－ケーシー・チーム」がサウジ経由でニカラグアのコントラ支援を行なったときも、サレムがサウジ政府を代表してこの工作に協力したのである。

サレムはまたアメリカの経済エスタブリッシュメントとの関係も強化すべく、いくつものアメリカの大手企業に投資をしている。その代表が投資会社のカーライル・グループであろう。カーライルはフランク・カールーチ元国防長官が会長を務める大手の投資グループで、ジェームズ・ベーカー元国務長官を含む共和党の元閣僚がズラリと役員に収まっている。ジョージ・ブッシュ元大統領も同社の顧問を務めており、カーライル自体はサウジ政府の財政顧問をやっている。ビン・ラディンのカーライルへの投資とはつまり、アメリカ－サウジの協力関係を象徴するような取引だったのである。

ビン・ラディンはまた、元国務長官ジョージ・シュルツが取締役を務める投資会社フレモント・グループや名門メリル・リンチ、ゴールドマン・サックスにも投資をしており、ゼネラル・エレクトリック社のビジネス・パートナーにもなっている。

ビン・ラディン家はこのように、ブッシュ一族を中心とする米政財界のエスタブリッシュメントとの関係を深め、CIAが冷戦時代に進めた秘密工作にも積極的に協力して、アメリカ－サウジ関係の強化に務めていたのである。

オサマ・ビン・ラディンも、八〇年代のアフガン聖戦までは、この《アメリカ－サウジ協力》ラインでCIAの工作に参加していた。前章で見たとおり、オサマは、世界中のイスラム急進派を集めてソ連にぶつけるという作戦で、民間としては最大級の徴募機関を立ち上げて「聖戦」の戦士たちをかき集めた。またパキスタンやアフガンには「イスラム急進派の大学」をいくつも設立して彼らに軍事訓練を施し、世界中のイスラムの同志たちと強い絆で結ばれていった。

しかしソ連軍が八八年五月にアフガンからの撤退を開始し、八九年二月にそれが完了すると、アメリカは急速にこの地域から手を引いていった。九二年には「聖戦」の拠点であったパキスタンに対し、六億ドルの年間援助を唐突に停止すると通告し、同国を「テロリスト輸出国」としてブラックリストに載せる措置をとった。「聖戦の戦士たち」を、今度は「テロリスト」呼ばわりするようになったのである。そして同じ年にアメリカは、「主要な麻薬生産国である」という理由からアフガニスタンに対する支援も唐突に中止した。しかしムジャヒディン各派の麻薬生産を奨励し、アフガンを世界最大の麻薬生産国に押しあげたのは、他でもないＣＩＡの秘密工作だった。

そのアフガンでは、ＫＧＢのまいた種が芽を出して、ムジャヒディン同士が内ゲバを開始していた。オサマを含む「聖戦」に燃えるイスラム戦士たちが、この状況に幻滅し、やり場のない怒りを蓄積させていったとしても不思議ではない。彼はいつしかこうしたイスラム急進派の人脈をまとめて自身の組織を立ち上げるようになっていた。これがアル・カイダの原型だと言われている。そして九一年一月にはじまった湾岸戦争に憤慨したオサマは、この頃から明確にアメリカを最大の敵と位置づけ、反米闘争を開始したという。これが原因で彼は九四年二月にはビン・ラディン本家から絶縁を言い渡され、同年四月にはサウジ政府から国籍を剝奪された。

オサマ・ビン・ラディンは「聖戦」を継続し、テロリスト訓練キャンプを建設・運営し、世界中のイスラム過激派との関係を深め、世界各地の戦場にイスラム戦士たちを送り出していった。以降、アルジェリア、カシミール、ソマリア、イエメン、アゼルバイジャン、ボスニア・ヘルツェゴビナ、チェチェン、タジキスタン、フィリピンなど世界各地の戦場に、アル・カイダ軍事訓練キャンプ出身のイスラム戦士たちが出没するようになったのである。

オサマが「聖戦」から継承したものは、イスラム過激派の人脈だけではなかった。アル・カイダは、今や欧米麻薬市場で圧倒的なシェアを誇るアフガン産麻薬の密輸利権を引き継ぎ、九一年に欧米で操業停止に追い込まれた犯罪銀行BCCIの残骸をも吸収したのである。オサマ・ビン・ラディンはつまり、CIAの「ベトナム戦争以来最大の秘密工作」が残した負の遺産である「麻薬利権」、「肥大化した犯罪銀行」、そして「膨張したイスラム急進派のネットワーク」のすべてを引き継いだのであった。

アフガン戦争は、ダレス兄弟ら《ヒトラーのアメリカン・コネクション》の中核メンバーたちが、第二次世界大戦以来築きあげてきた秘密工作のノウハウを、ブッシュ（父）やケーシーが結集させて戦い抜いた冷戦最後の対ソ戦争だった。つまりオサマ・ビン・ラディンが引き継いだものは、ダレスやブッシュが第二次世界大戦以来、半世紀にわたって築きあげてきた冷戦の「負の遺産」だったと言うこともできるのである。

こうして見てくると、オサマ・ビン・ラディンとアドルフ・ヒトラーの登場の背景には、大きな共通点が存在することがわかる。共に反共産主義の砦として、アメリカ政財界の「同じ」エリート集団の支援を受け、後に敵対したことである。共産主義ソ連の台頭に脅威を感じるアメリカの資本家を中心とするこの集団は、世界経済を安定させ共産主義の拡大を防ぐという目的のために、第一次世界大戦直後から国際政治に大きな影響を及ぼすようになっていた。

このエリート集団は一九二〇年代、三〇年代には、第一次世界大戦の影響で大混乱に陥り共産革命の瀬戸際にあったドイツを救うため、同国の復興を助け同国に莫大な投資を行なった。そしてその過程でドイツの財界エリートたちと親交を結び、彼らの推す独裁者アドルフ・ヒトラーと取引し、ナチス・ドイツの再軍備を手助けしたのだった。彼らが「共産主義に対抗させるために独裁者や過激派を支援する」という政治的思考を身につけたのもちょうどこの頃だった。

ヒトラーの拡大政策が英仏の利権とぶつかり、ヨーロッパで戦争が勃発した後も、このアメリカのエリートたちはヒトラーとの取引を続け、アメリカがヨーロッパの戦争に巻き込まれないようにさまざまな活動をしていた。そしてヨーロッパの大部分がヒトラーの支配下に入り、イギリスが孤立無援でヒトラーの脅威に立ち向かっていたときも、ひたすら「アメリカの中立」を保とうとし、ナチスのプロパガンダに協力して、アメリカの参戦を食いとめようと画策していたのである。

そこでチャーチルは、「アメリカを戦争に引きずり込む」ために一か八かの秘密作戦を展開した。「イントレピッド」というスパイをアメリカに送り込み、プロパガンダ工作を組織的に行なわせ、ハリウッドにもスパイを放って「反ナチス」映画を大量生産させたのである。そして「アメリカを戦争に引き込む」究極の手段として、日本とアメリカをぶつけるために、アメリカの外交政策にまで介入したのだった。

こうしてアメリカは遂に戦争に「引きずり込まれた」。少なくとも《ヒトラーのアメリカン・コネクション》の中核を占めるエリートたちは、そのように感じていた。しかしこのエリートたちは驚くことに、大戦中もドイツとの取引を何とか継続しようと試みていたのである。そして最後にはソ連共産主義の西側への進出を防ぐために、ドイツの降伏を促して大戦の終結に一役買ったのである。

このアメリカ政財界のエリート集団は、大戦が終わると今度は《親独派》から《反共の闘士たち》に仮面を付け替え、アメリカの外交政策に引き続き大きな影響を及ぼした。再び共産主義の脅威からドイツを救うために、ドイツの財閥解体を中止させ、「強いドイツ」の復活に貢献した。そして来るべくソ連との競争に勝つために、ドイツ企業が有していた進んだ科学技術を奪いとり、科学者もアメリカに連れて帰った。この中にはヒトラーのもとで戦争犯罪に手を染めた者もいたが、アメリカのエリートたちは「ソ連との戦い」を優先させ、彼らの暗い過去には目をつぶったのだった。

アメリカ人たちはまた、対ソ戦に活用するため、科学者だけでなく元ナチスの諜報部員たちにも新たな職を与えていった。「共産主義に対抗させるためにファシズムを支援する」という政策を継続し、元ナチスやナチス協力者を対ソ秘密工作に利用したのである。結局この工作は大失敗に終わり、「冷戦」をさらに激化させる結果となった。《反共の闘士たち》はさらに、東欧の元ナチス協力者たちを大量にアメリカに入国させ、共和党の支持基盤の一つとして組み入れる工作を行なった。こうして共和党の外交政策に元ファシストの影響が反映されるようになると、アメリカの外交政策は一段とタカ派・反ソ傾向を強め、冷戦を過熱化させることになったのである。

戦後、アイゼンハワー政権ができると、《ヒトラーのアメリカン・コネクション》の中核にいたジョン・フォスター・ダレスとアレン・ダレスが、合衆国の国務長官とCIA長官にそれぞれ就任した。それまで舞台裏で暗躍していたエリート集団の代表選手が、遂に表舞台に登場したのである。ダレス兄弟は反米と見られる政権を秘密工作により次々と転覆させ冷戦を激化させていった。アメリカの情報機関を実質的に作りあげたアメリカ政財界のエリートたちは、この時期に対ソ秘密工作のパターンを確立し、《ヒトラーのアメリカン・コネクション》の次世代のリーダー、ジョージ・ブッシュにそのノウハウを引き継いだ。ブッシュを中心とするエリート集団は、アメリカ人の人質と引き替えにイランに武器を売却し、そこで得た資金をニカラグアのコントラに送るという秘密工作に手を染め、続く八〇年代のアフガン戦争では、イスラムの過激派をソ連にぶつけるという一大秘密作戦を実施した。

ダレス兄弟やブッシュ一族が進めてきた秘密工作は、「共産主義に対抗させるためにファシズムを支援する」というコンセプトをさらに発展させたものだった。対ソ戦に役立つのであれば、独裁者だろうと、過激派だろうと、麻薬マフィアや犯罪銀行だろうと構わず支援したのである。そしてこの結果、「民主主義を共産主義から守る」という大義名分のもとで行なわれた秘密工作が繰り返されるたびに、独裁者が力をつけ、政治的穏健派が後退し、麻薬が氾濫し、組織犯罪が拡大するという矛盾を生み出していったのである。これらはアメリカの冷戦外交、とりわけCIAの秘密工作が生んだ、いわば「負の遺産」とも言えるものだった。

だから、《ヒトラーのアメリカン・コネクション》の正統なる後継者であるジョージ・W・ブッシュが大統領になったときに、この「負の遺産」を背負った冷戦の亡霊オサマ・ビン・ラディンが暴れ出し、世紀のブローバックとしてアメリカに襲いかかったのは、むしろ歴史の必然だったと言うこともできるのだ。

オサマ・ビン・ラディンの攻撃を受けたジョージ・Wは、この冷戦の亡霊を追い払うために、かつての敵だったロシアと手を組んだ。ジョージ・Wは、祖父プレスコットがダレス兄弟らと共に築き、一族が継承してきた冷戦の遺産を、ロシアと組んでみずから「清算」することを決意したのである。そしてそれは冷戦という一つの時代に区切りをつけ、新たな世界秩序の構築に向けた第一歩でもあった。ジョージ・Wを中心とするアメリカのエリートたちは、いったいどんな世界を築こうとしているのか。それを見届けるのは二十一世紀を生き抜くわれわれの定めでもある。

参考文献

第1章　ドイツを軍事大国にしたアメリカ企業

導入部は，主に Antony C. Sutton, *Wall Street and the Rise of Hitler* ('76 Press, 1976) と Hans-Joachim Braun, *The German Economy in the Twentieth Century* (Routledge, London & New York, 1990) を参考にした．

アメリカ主導のドイツ復興プロジェクトでは Ronald W. Pruessen, *John Foster Dulles : The Road to Power* (Free Press, New York, 1982), Frank Costigliola, *The United States and the Reconstruction of Germany in the 1920s* in Business History Review, vol. L, no. 4 (Winter, 1976). ドーズ案やヤング案を含むドイツ復興とアメリカン・マネーに関しては William C. McNeil, *American Money and the Weimar Republic : Economics and Politics on the Eve of the Great Depression* (Columbia University Press, New York, 1986) が詳しい．モルガン家について詳述している Ron Chernow, *The House of Morgan : An American Banking Dynasty and the Rise of Modern Finance* (Simon & Schuster, New York, 1990) も，ウォール街とドイツ復興について詳しく触れている．

戦争の「種」をまいたウォール街の「仕掛人」たちでは，ダレス兄弟が所属した法律事務所サリバン＆クロムウェル社の知られざる歴史を扱った Nancy Lisagor and Frank Lipsius, *A Law unto Itself : The Untold Story of the Law Firm Sullivan & Cromwell* (William Morrow and Company, New York, 1988). ディロン・リード商会については Robert Sobel, *The Life and Times of Dillon Read* (Truman Talley Books, Dutton & New York, 1991). ハリマン商会及びプレスコット・ブッシュに関しては，前述 Sutton, *Wall Street and the Rise of Hitler* と Mark Aarons and John Loftus, *The Secret War*

against the Jews: How Western Espionage betrayed the Jewish People (St. Martin's Press, New York, 1994) を参考にした.

アメリカン・マネーが可能にしたドイツの巨大企業連合では Wilfried Feldenkirchen, *Big Business in Interwar Germany: Organizational Innovation at Vereinigte Stahlwerke, IG Farben and Siemens* in Business History Review vol. 61 (Autumn, 1987) に依った.

ヒトラーを支援した大物財界人フリッツ・テュッセンでは，テュッセンみずから綴った Fritz Thyssen, *I Paid Hitler* (Cooperation Publishing, New York, 1941) の他，ヒトラーの台頭における財界の役割について書いたノンフィクション，ジェイムズ・プール，スザンヌ・プール著，関口英男訳『ヒトラーの金脈』(早川書房，1985) を参考にした.

ヒトラーの権力奪取とドイツの大企業では，前掲 Thyssen, *I Paid Hitler*, プール『ヒトラーの金脈』の他，栗原優『ナチズム体制の成立』(ミネルヴァ書房，1997)，Joseph Borkin, *The Crime and Punishment of I. G. Farben* (Free Press, New York, 1978), ジョン・ワイツ著，糸瀬茂訳『ヒトラーを支えた銀行家』(青山出版社，1997) を参考にした．また Henry Ashby Turner Jr, *German Big Business and the Rise of Hitler* (Oxford University Press, New York & Oxford, 1987) は，ヒトラー台頭における大企業の貢献を否定する論陣を張っているが，同書の中で出てくる個々のデータは参考になった.

ヒトラー政権とアメリカ財界の危険な関係の，米 ITT 社とヒトラーの関係については，アンソニー・サンプソン著，田中融二訳『企業国家 ITT』(サイマル出版会，1974) が詳しい．またダレス兄弟の親ナチス傾向に関しては，Burton Hersh, *The Old Boys: The American Elite and the Origins of the CIA* (Charles Scribner's Sons, New York, 1992) を参考にした.

ジョン・フォスター・ダレスの親独国際カルテルに関しては，インターナショナル・ニッケル社の社史 Jamie Swift and the Development

Education Centre, *The Big Nickel, Inco at Home and Abroad* (between the lines, Ontario, 1977), 前掲 Pruessen, *John Foster Dulles*, Wendell Berge, *Cartels, Challenge to a Free World* (Public Affairs Press, Washington, D. C., 1946), George W. Stocking and Myron W. Watkins, *Cartels in Action: Case studies* in International Business Diplomacy (Twentieth Century Fund, New York, 1946) が詳しく論じている.

IG ファルベンと手を組んだロックフェラー・グループに関しては, 前掲 Borkin, *The Crime and Punishment of I. G. Farben*, Peter Hayes, *Industry and Ideology: IG Farben in the Nazi Era* (Cambridge University Press, Cambridge, 1987), 工藤章『イー・ゲー・ファルベンの対日戦略』(東京大学出版会, 1992) を参考にした.

ヒトラーのチェコ侵攻を側面支援したスタンダード石油では, 前掲 Borkin, *The Crime and Punishment of I. G. Farben* が詳しく触れている他, アメリカ企業のドイツ・ビジネスに関しては古典的な研究である Gabriel Kolko, *American Business and Germany, 1930-1941* in The Western Political Quaterly, vol. 15, no. 4 (December, 1962) を参考にした.

独裁国家を望んだアメリカで使った統計数字は, 牧野裕『冷戦の起源とアメリカの覇権』(御茶の水書房, 1993) より引用.

第2章　ドイツと戦いたくなかったアメリカの事情

導入部のヒトラーの経済政策やモータリゼーションに関しては, R. J. Overy, *Car, Road and Economic Recovery in Germany, 1932-8* in Economic History Review, vol. 28 (1975) や同じく Overy の *War and Economy in the Third Reich* (Clarendon Press, Oxford, 1994) を参考にした.

「強いドイツ」が歓迎された理由では, 大胆な仮説を打ち出している Scott Newton, *Profits of Peace, The Political Economy of Anglo-German Appeasement* (Clarendon Press, Oxford, 1996) や R.A.C.Parker, *Chamberlain*

and Appeasement: British Policy and the Coming of the Second World War (Macmillan Press, London, 1993) が参考になった.

ヒトラーの主張を利用したアメリカの外交戦術では, Carl Kreider, *The Anglo-American Trade Agreement: A Study of British and American Commercial Policies, 1934-1939* (Princeton University Press, Princeton, 1943) と Arthur W. Schatz, *The Anglo-American Trade Agreement and Cordell Hull's Search for Peace 1936-1938* in The Journal of American History, vol. 57, no. 1 (1970) が詳しい. また George C. Herring Jr, *The United States and British Bankruptcy, 1944-1945: Responsibilities Deferred* in Political Science Quarterly, vol. 86, no. 2, (June 1971) も役に立った.

開戦直後にはじまった和平工作では, C. A. MacDonald, *The United States, Britain and Appeasement, 1936-1939* (Macmillan Press, London, 1981) や前掲 Newton, *Profits of Peace* を参考にした.

駐英アメリカ大使館のナチス・コネクションでは, 第二次大戦の諜報史としては最高傑作の一つと言える John Costello, *Ten Days to Destiny: The Secret Story of the Hess Peace Initiative and British Efforts to Strike a Deal with Hitler* (William Morrow and Company, New York, 1991) という大著を参考にした. 同書は英独関係, とりわけ英国内の親ナチス派に関して貴重な情報を提供してくれる.

ナチス好きだったジョン・F・ケネディの父親についても, 前掲 Costello, *Ten Days to Destiny* が詳しく触れている他, James Pool, *Hitler and His Secret Partners: Contribution, Loot and Rewards, 1933-1945* (Pocket Books, 1999) も役に立った.

チャーチルの頭痛の種, アメリカの中立政策では, 前掲 Costello, *Ten Days to Destiny*, Newton, *Profits of Peace* の他, Steven Casey, *Cautious Crusade: Franklin D. Roosevelt, American Public Opinion, and the War against Nazi Germany* (Oxford University Press, New York & Oxford, 2001) を主に参考にした.

孤立主義を煽るナチスのプロパガンダでは，Howard Watson Ambruster, *Treason's Peace, German Dyes & American Dupes*（Beechhurst Press, New York, 1947）の他，Charles Higham, *Trading with the Enemy: An Expose of the Nazi-American Money Plot, 1933-1949*（Delacorte Press, New York, 1983），エドウィン・ブラック著，小川京子他訳『IBMとホロコースト』（柏書房，2001）を参考にした．

第3章　アメリカを戦争に引き込んだチャーチル

導入部は，前掲Costello, *Ten Days to Destiny*の他，Nicholas John Cull, *Selling War: The British Propaganda Campaign against American "Neutrality" in World War II*（Oxford University Press, New York & Oxford, 1995）を参考にした．

チャーチルのスパイ「イントレピッド」の暗躍では，このテーマでは古典とも言えるWilliam Stevenson, *A Man Called Intrepid, the Secret War*（Macmillan Press, London, 1976），Thomas F. Troy, *Wild Bill and Intrepid, Donovan, Stephenson, and the Origin of CIA*（Yale University Press, New Haven & London, 1996），吉田一彦『情報で世界を操った男』（新潮社，1997），前掲Hersh, *The Old Boys*が役に立った．

スパイを支えたアメリカのメディアでは，David Ignatius, *Britain's War in America: How Churchill's Agents Secretly Manipulated the US before Pearl Harbor* in Washington Post, September 17, 1989（Section C），前掲John Cull, *Selling War*の他，Thomas E. Mahl, *Desperate Deception: British Covert Operation in the United Staes, 1939-44*（Brassey's Inc. 1998）を参考にした．

ドイツ大使館員ウェストリック追放作戦については，前掲のMahl, *Desperate Deception*，サンプソン『企業国家ITT』，Higham, *Trading with the Enemy*に詳しい．

反ハミルトン・フィッシュ・キャンペーンとカナダで撮影された「ナ

チスの残虐行為」は，主に前掲 Mahl, *Desperate Deception* に依った．

チャーチルがハリウッドに送ったスパイ，アレキサンダー・コルダとその次の**親ナチス派，孤立主義者のハリウッド攻撃**は，前掲 John Cull, *Selling War*, Mahl, *Desperate Deception*, オットー・フリードリック著，柴田京子訳『ハリウッド帝国の興亡』（文藝春秋，1994），それに映画『海外特派員』を参考にした．

日米交渉決裂の裏でチャーチルがしたことと**決定されていたはずの「日本との妥協」**と**チャーチル発の「驚くべき情報」**は，主にジョン・コステロ著，左近允尚敏訳『真珠湾，クラーク基地の悲劇』（啓正社，1998），産経新聞「ルーズベルト秘録」取材班『ルーズベルト秘録』（扶桑社，2001），秦郁彦編『検証・真珠湾の謎と真実』（PHP 研究所，2001），ジェイムズ・ラスブリッジャー，エリック・ネイヴ著，大蔵雄之助訳『真珠湾の裏切り』（文藝春秋，1991），須藤眞志『ハル・ノートを書いた男』（文春新書，1999），拙稿「運命の日，昭和 16 年 11 月 26 日」（『正論』2 月号，1998）をもとに書いた．また石油関連情報に関しては，Irvine H. Anderson Jr, *The Standard-Vacuum Oil Company and United States East Asia Policy, 1933-1941* (Princeton University Press, Princeton, 1975) に依った．

第 4 章　親ナチス派と反ナチス派の暗闘

チェースマンハッタンとモルガンのナチス人脈については，1998 年 12 月 23 日付の AP 電が詳しく報じている他，前掲 Higham, *Trading with the Enemy* が包括的に論じている．また別冊歴史読本『ヒトラー神話の復活』（新人物往来社，2000）も役に立った．

敵国との取引を続けたハリマンとブッシュでは，前掲 Aarons and Loftus, *The Secret War against the Jews*, J・H・ハットフィールド著，二宮千寿子他訳『幸運なる二世ジョージ・ブッシュの真実』（青山出版社，

2001), Webster G. Tarpley and Anton Chaitkin, *George Bush: The Unauthorized Biography*, www. tarpley. net/bushb. htm を参考にした.

アメリカ財界がヒムラーに贈った「裏金」に関しては，前掲 Sutton, *Wall Street and the Rise of Hitler*, Higham, *Trading with the Enemy*, G・トレップ著，駒込雄治他訳『国際決済銀行の戦争責任』（日本経済評論社，2000)，アダム・レボー著，鈴木孝男訳『ヒトラーの秘密銀行』（ベストセラーズ，1998）が参考になった.

反スタンダード石油キャンペーンのIG・スタンダードのカルテル協定については，米公文書館 RG169 E210 Box14 Folder Farben IG-Standard Oil Cartel Agreements を参考にした他，前掲 Higham, *Trading with the Enemy*, Borkin, *The Crime and Punishment of I. G. Farben* も役に立った．また「イントレピッド」の反スタンダード石油キャンペーンについては，前掲 Mahl, *Desperate Deception* と Ignatius, *Britain's War in America* が詳しい.

ドイツ企業の偽装工作に手を貸したジョン・フォスター・ダレスでは，米公文書館 RG169 E210 Box13 Folder Dulles Material-John Foster Dulles, RG226 OSS File,Robert Bosch, G. M. B. H. Gerard Aalders and Cees Wiebes, *The Art of Cloaking Ownership: The Secret Collaboration and Protection of the German War Industry by the Neutrals* (Amsterdam University Press, Amsterdam, 1996) を参考にした.

「敵国資産」をめぐる攻防については，Graham D. Taylor, *The Axis Replacement Program: Economic Warfare and the Chemical Industry in Latin America, 1942-44* in Deplomatic History vol. 8, no. 2 (1984), John Morton Blum, *From the Morgenthau Diaries, Years of War, 1941-1945* (Houghton Mifflin Company, Boston, 1967), 米公文書館 RG169 E210 Box10, Annual Report, Office of Alien Property Custodian, Fiscal Year Ending June 1944, 前掲 Hersh, *The Old boys*, Aalders & Wiebes, *The Art of Cloaking* を参考にした.

「ヒムラー友の会」からの和平特使では，アレン・ダレスを中心とする米独間の秘密和平交渉について触れた．ダレス自身がこの問題について二冊の著作を残しているが，彼はナチスと秘密の取引に応じたことには触れていない．このあたりの情報は，主に Christopher Simpson, *The Splendid Blond Beast : Money, Law, and Genocide in the Twentieth Century* (Grove Press, New York, 1993) を参考にした．また OSS 時代のダレスの通信記録をまとめた Neal H. Petersen, *From Hitler's Doorstep : The Wartime Intelligence Report of Allen Dulles, 1942-1945* (The Pennsylvania State University, 1996) も当時の様子を伝える貴重な資料である．また Klemens von Klemperer, *German Resistance against Hitler : The Search for Allies Abroad, 1938-1945* (Clarendon Press, Oxford, 1992), Richard Harris Smith, *OSS : The Secret History of America's First Central Intelligence Agency* (University of California Press, Berkeley, 1972) も参考にした．

アレン・ダレスの和平工作とルーズベルトの「無条件降伏」政策と「サンライズ交渉」とヨーロッパにおける大戦の終結でもほぼ同様に，前掲 Simpson, *The Splendid Blond Beast*, Petersen, *From Hitler's Doorstep*, Klemperer, *German Resistance*, それに当時の米情報機関とドイツ抵抗運動との接触の記録をまとめた資料 Jurgen Heideking and Christof Mauch (ed.), *American Intelligence and the German Resistance to Hitler : A Documentary History* (Westview Press, Colorade, 1996) を参考にした．

第５章　冷戦を「演出」した反共の闘士たち

導入部及び**ドイツ経済の解体を食いとめたアメリカ財界の「意志」**は，James Stuart Martin, *All Honourable Men* (Little Brown, Boston, 1950), 前掲 Simpson, *The Splendid Blond Beast*, Blum, *From the Morgenthau Diaries*, 牧野『冷戦の起源とアメリカの覇権』を参考にした．

ドイツの技術を奪いとったアメリカでは，John Gimbel, *Project*

Paperclip : German Scientists, American Policy, and the Cold War in Diplomatic History vol. 14, no. 3 (Summer, 1990), John Gimbel, *Science, Technology, and Reparations : Exploitation and Plunder in Postwar Germany* (Stanford University Press, Stanford, 1990) を参考にした.

ナチスの科学者ハント「ペーパークリップ作戦」に関しては，前掲 Gimbel, *Project Paperclip*, クリストファー・シンプソン著，松尾弌之訳『冷戦に憑かれた亡者たち』(時事通信社，1994)，チャールズ・アッシュマン，ロバート・J・ワグマン著，大田民雄訳『ナチ・ハンターズ』(時事通信社，1992)，Alexander Cockburn and Jeffrey St. Clair, *White Out : The CIA, Drugs and the Press* (Verso, 1998) をもとにして書いた.

米ソ対立を激化させたナチス残党の活動とアメリカ陸軍にスカウトされた「リヨンの殺人鬼」では，前掲シンプソン『冷戦に憑かれた亡者たち』，アッシュマンとワグマン『ナチ・ハンターズ』，Cockburn and St. Clair, *White Out*, Mar Aarons and John Loftus, *Ratlines : How the Vatican's Nazi Networks Betrayed Western Intelligence to the Soviets* (Heinemann, London, 1991) を参考にした.

共和党を支えた中・東欧のファシストたちと冷戦を煽った軍拡ロビーのナチス・コネクションに関しては，Russ Bellant, *Old Nazis, the New Right, and the Republican Party*, (South End Press, 1991) が詳しく論じている他，前掲 Aarons and Loftus, *The Secret War against the Jews* も参考になった.

第6章　ブッシュに引き継がれた黒い人脈

導入部は，ウォルター・ラフィーバー著，久保文明他訳『アメリカの時代』(芦書房，1992)，Joyce and Gabriel Kolko, *The Limits of Power : The World and United States Foreign Policy, 1945-1954* (Harper & Row, New York, 1972), Daniel Yergin, *The Prize : The Epic Quest for Oil, Money and*

Power (Pocket Books, New York, 1993) を参考にした.

諜報サークルの貴公子ジョージ・ブッシュでは，ブッシュと CIA に関するほとんどの情報を Anthony L. Kimery, *George Bush and the CIA : In the Company of Friends* in Covert Action Quarterly, no. 41 (Summer, 1992) に依っている．またブッシュの自伝ジョージ・ブッシュ著，吉澤泰治訳『未来を見つめて』(ダイナミックセラーズ，1988) からも一部引用した.

ブッシュCIA のアンゴラ秘密作戦では，アンゴラ内戦の一般的なバックグラウンド情報は青木一能『アンゴラ内戦と国際政治の力学』(芦書房，2001) を参考にし，ブッシュの秘密工作については，前掲 Aarons and Loftus, *The Secret War against the Jews* に依った.

反共工作のために麻薬王と提携に関しては，Karen Branan, *Vice President Bush's Inside Track to Power* in Covert Action Quarterly, no. 42 (Fall, 1992), 前掲 Aarons and Loftus, *The Secret War against the Jew*, ラフィーバー『アメリカの時代』, ボブ・ウッドワード著，池央耿訳『ヴェール』(文藝春秋，1988) を参考にした.

ブッシュ一族のコントラ支援活動では，Jack Colhoun, *The Family That Preys Together* in Covert Action Quarterly, no. 41 (Summer, 1992), Stephen Pizzo, *Bush Family Value$* in Mother Jones (October, 1992) が役に立った.

アフガン戦争と犯罪銀行 BCCI では，BCCI に関する米議会調査報告 *The BCCI Affair. A Report to the Committee on Foreign Relations,* United States Senate by Senator John Kerry and Senator Hank Brown, December 1992 102d Congress 2nd Session Senate Print 102-140 を参考にした他，J・ビーティー，S・C・グウィン著，沢田博，橋本恵訳『犯罪銀行 BCCI』(ジャパン・タイムズ，1994)，ジョン・K・クーリー著，平山健太郎監訳『非聖戦』(筑摩書房，2001)，短期集中連載「アル・カイダの赤い糸」『選択』vol. 26-28 (February-April 2002) を参考にした.

イスラム聖戦を煽動したCIA では，前掲クーリー『非聖戦』，マイケル・グリフィン著，伊藤力司他訳『誰がタリバンを育てたか』(大月書

店，2001)，アハメド・ラシッド著，坂井定雄他訳『タリバン』（講談社，2000）が役に立った．

「聖戦」の戦士から反米テロリストにでは，前掲クーリー『非聖戦』，Mary Anne Weaver, *The Stranger* in The New Yorker（1995-11-13）を参考にした．

終章　9・11を生んだアメリカの冷戦外交

ジョージ・Wとジェームズ・バースについては，Pete Brewton, *The Mafia, CIA & George Bush*（S. P. I. Books, 1992）や前掲ハットフィールド『幸運なる二世』，ビーティー，グウィン『犯罪銀行BCCI』に詳しく出ている．またビン・ラディン家については多くの出版物が出ているが，主にJane Mayer, *The House of Bin Laden : A family's and a nation's divided loyalties* in The New Yorker（2001-11-12）を参考にした．

あとがき

あれは一九九三年十月のことだった。当時オランダ留学中だった私は、アムステルダム市内の古書店で、一冊の本を手に入れた。本書の主役の一人ジョン・フォスター・ダレスの半生を描いた Ronald W. Pruessen（ロナルド・プルーセン）著 *John Foster Dulles : The Road to Power*（ジョン・フォスター・ダレス　権力への道）である。同書はダレスの伝記の中では珍しく、彼の第二次世界大戦以前のドイツとの関係を詳しく論じた良書である。この本を一読した私は、戦前の米独関係、とりわけ両国の経済界が密接に結びついていた事実に驚愕し、このテーマをさらに深く掘り下げて調べることの重要性に気づかされた。敵同士だと思っていたアメリカとドイツの関係が深いのであれば、いったいあの戦争とは何だったのか。

その答えを探して私は、オランダ国中の図書館をまわって関連文献を集め、それでも手に入らない本は海を越えてアメリカへ渡り、ワシントンの議会図書館で入手した。さらに原資料を求めてワシントンの米国立公文書館まで足を運び、外交文書の山と文字通り「格闘」しながら、情報の断片を集めてまわった。こうした調査・研究の成果は、一九九七年十月にアムステルダム大学の修士論文としてまとめたが、私の研究はさらに戦後の米独関係や冷戦時代のＣＩＡの秘密工作へと発展し、第二次世界大戦期から今日にいたる国際政治の舞台裏で、連綿と暗躍しつづける米エリートたちのネットワークへと向けられていった。

こうした研究を通じて私が得た答えは、アメリカという国のしたたかさと冷酷なまでの徹底したリアリズムであった。敵を封じ込め、自分たちの利益を保護するためには、独裁者を後押しし、麻薬王と手を組み、過激派を育てることも厭わない。表向きは「自由」や「民主主義」といった大義を掲げるが、アメリカはその裏で徹底して国益を追求する。この原則のもとでアメリカは、自国の国益のためにヒトラーを必要とし、ナチス・ドイツと緊密な関係を築いていたのだった。この徹底した国益追求は、戦後アメリカを世界一の超大国に押しあげ、同時にソ連という巨大な敵をも作り出した。「国益を守る」という名目で行なわれた数々の秘密工作が、逆に敵の力を膨張させ、冷戦をエスカレートさせていったのである。

だから「アメリカが悪い」などと幼稚な議論をするつもりはない。私はこの研究を通じてアメリカの非道さを糾弾しようとしているわけではないし、ましてダレスやブッシュ個人を攻撃しようとしているわけでもない。謀略や情報操作、敵との取引など国益を賭けた秘密工作は、国際政治の世界ではごく当たり前のことだ。この世界では騙されたほうが悪いのである。日本もいい加減この現実を直視し、国益を見据えた外交を行なう体制を作らなければならない。いつまでも勝者が作りあげた歴史観に縛られていてはならないのである。

二十一世紀初頭に合衆国大統領に就任したジョージ・W・ブッシュは、したたかな国益外交を展開する米エスタブリッシュメントの正統なる後継者である。今こそブッシュ一族の歴史やダレス兄弟の秘密外交を思い起こして、この新大統領の繰り出す世界戦略を見極め、国の存亡を賭けてアメリカの外交攻勢に備えなければならない。本書がその一助となるとすれば、それに勝る喜びはないであろう。

本書の出版に際して、これまでお世話になった方々にこの場を借りて感謝の意を表したい。まず私に国際政治を勉強するきっかけを与えてくださった国際問題評論家の藤井厳喜先生。藤井先生と出会うことなしに、私が国際政治という学問を真剣に志すことはなかったであろう。それから久恒正嗣氏にも心から感謝を申し上げたい。久恒氏には英字紙の読み方や国際政治分析の基礎を叩き込んでいただいただけでなく、オランダ留学の際にも大変お世話になった。そしてオランダ留学中にはアムステルダム大学のCees Wiebes（ケース・ウィブス）教授のご教示を賜ったことを幸運に思っている。オランダにおける国際諜報研究の第一人者であるウィブス教授からは、第二次世界大戦期のアメリカ企業の動向やダレスとワレンバーグ家の関係に関して御教示をいただいただけでなく、公文書資料の活用法など学問的な調査・研究方法を伝授された。

また産経新聞社『正論』編集部の上島嘉郎氏にもお礼を申し上げたい。私の研究に対する上島氏の理解なくして、本書がこのような形で陽の目をみることはなかったであろう。そして本書の具体的な出版過程においては、草思社編集部の碇高明氏に何から何までお世話になった。感謝したい。

最後に私事にはなるが、これまで私の学問を常に支えてくれた両親に対し、この場を借りて格別の謝意を表したい。また本書の執筆中に娘を授かるという幸運に恵まれたこともこの場で報告させていただきたい。はじめての出産と子育てという目の回るような忙しさの中、私の仕事に理解を示し献身的に協力してくれた妻にはお礼の言葉も見つからない。

こうして多くの人たちの支えによって本書の出版が可能になったことを思うと、万感胸に迫るものがある。あとは本書が、日本の将来を憂い、この国を立て直すために主体的に取り組んでおられる一人でも多くの方々の目に留まることを願うのみである。

二〇〇二（平成十四）年六月

菅原　出

アメリカはなぜヒトラーを必要としたのか

著者との申し合わせにより検印廃止

2002年7月22日　第1刷発行

著　者　菅原　出
装丁者　郷坪浩子
発行者　木谷東男
発行所　株式会社　草　思　社
〒151-0051　東京都渋谷区千駄ヶ谷2-33-8
電 話　営業03(3470)6565　編集03(3470)6566
振 替　00170-9-23552
印　刷　株式会社三陽社
カバー　株式会社大竹美術
製　本　大口製本印刷株式会社
Printed in Japan
ISBN4-7942-1153-8